Unseren Kindern und Jugendlichen,
ohne die es uns gar nicht geben würde und
den Mitarbeiterinnen und Mitarbeitern.

Lieber Herr Becker,

eine Krise als Chance betrachten, das war harte Realität für Sie, als es 1997 darum ging, die Schließung des Bürgermeister-Gräf-Kinderheims zu verdauen. Sie wollten mit aller Macht verhindern, dass Ihre Gruppe aufgelöst und die Kinder auf andere Einrichtungen verteilt werden. Erstaunlich mutig oder sogar „größenwahnsinnig", so wurde geurteilt, als Sie verkündeten, einen Verein und eine eigene Einrichtung gründen zu wollen. Alle Kinder und alle Erzieherinnen sollten zusammenbleiben können. Zielstrebig entwickelten Sie ihren Aktionsplan, suchten Berater, fanden Unterstützer.

Sie haben die riesige Aufgabe mit ungeheurer Einsatzbereitschaft und Mut zum Risiko geschafft. Heute, nach zwanzig Jahren, können Sie auf ein etabliertes Angebot der Jugendhilfe blicken. Sie und Ihre engagierten Mitarbeiterinnen und Mitarbeiter haben sich die Anerkennung durch die tägliche Arbeit mit den jungen Menschen, den Sorgeberechtigten und den Kooperationspartnern verdient.

Ich denke gerne an die Zeit, als ich auf Seiten des Jugendamtes die Entwicklung der Kooperativen Erziehungsarbeit e.V. begleitet habe, die konstruktiven Gespräche und die von Fairness geprägten Diskussionen.

Weiterhin viel Erfolg und Spaß bei allen Herausforderungen
wünscht

Ingrid Puhmann

damals Mitarbeiterin Grundsatzabteilung
Jugendamt Frankfurt, Heimaufsicht

Ein paar Gedanken vorweg

Das Kind, mein natürlicher Feind …

… so kann man doch kein Buch nennen! Nicht, wenn es von einem Kinderheim, beziehungsweise von einem Jugendhilfeträger handelt.
Im Zeitalter von Partizipation von Kindern und Jugendlichen, Schutzkonzepten und Prävention muss man sich in Acht nehmen und Missverständnissen vorbeugen. Außerdem sollte man als Beispiel vorangehen.
Aber man sollte auch nicht immer alles so ernst nehmen, sich selbst schon gar nicht.
Es geht letztlich immer um die pädagogische Grundhaltung. Das habe ich schon während meiner Erzieherausbildung gelernt, und ich glaube, meine Grundhaltung Kindern und Jugendlichen gegenüber ist weniger feindselig, als der Buchtitel zunächst einmal glauben macht.

Dieses Buch ist inhaltlich gefärbt, aus subjektiver Sicht geschrieben und unweigerlich gerät der Berichtende, ich selbst, (als Agierender) sehr in den Focus. *Das Kind, mein natürlicher Feind* … ist daher sicherlich auch ein sehr persönliches Buch geworden. Doch es geht nicht um mich. Bestimmt war ich in manchen Situationen das „Zugpferd", weil einer den Karren ziehen musste, aber hinter mir hat stets ein kompetentes Team gestanden – bis heute!
Vielleicht ist der Titel provokant, wahrscheinlich sogar …
Womit wir beim Thema wären: Kinder und Jugendliche sind dies von Zeit zu Zeit eben auch. Sie machen einem gerne das Leben schwer.
Es macht also durchaus Sinn, den Gedanken zuzulassen, mit ihnen bisweilen tatsächlich kämpfen zu müssen. Wenn dies also unumgänglich ist, warum also sollten wir dies nicht mit einigem Spaß und Freude an der Auseinandersetzung tun? Kinder, unabhängig welchen Alters, sind anstrengend,

zugegeben. Aber: Wir sind das auch gewesen. Nicht alles ändert sich mit der Zeit, nur der Abstand zum Erlebten wird größer.

Der griechische Philosoph Sokrates, 469 v. Chr. bis 399 v. Chr., sagte zu „unserem Problem“:

> *„Die Jugend liebt heutzutage den Luxus. Sie hat schlechte Manieren, verachtet die Autorität, hat keinen Respekt vor den älteren Leuten und schwatzt, wo sie arbeiten sollte. Die jungen Leute stehen nicht mehr auf, wenn Ältere das Zimmer betreten. Sie widersprechen ihren Eltern, schwadronieren in der Gesellschaft, verschlingen bei Tisch die Süßspeisen, legen die Beine übereinander und tyrannisieren ihre Lehrer.“*

„Unsere Kinder“ als natürliche Feinde zu betrachten, bedeutet an dieser Stelle nichts anderes, als sie „zu studieren.“ Sie genau zu beobachten versetzt uns in die Lage, wenigstens einen Teil dessen, das sie umtreibt, zu verstehen, um letztlich gegen ihre „Tricks“ gewappnet zu sein.

Wer weiß es nicht? Sie ziehen einen schneller über den Tisch als gedacht. Ein Moment zu lange gezögert und man kommt nicht mehr zurück: Wir verlängern die vereinbarte Fernsehzeit, die Süßigkeiten können die lieben Kleinen dann doch vor den Mahlzeiten essen, und nur weil wir nicht konsequent genug sind und ihnen immer wieder auf den Leim gehen, ertappen wir uns dabei, dass wir zu nachtschlafender Zeit für den Ältesten der Gruppe dessen Lieblingshemd bügeln. (Er will seiner eventuell neuen Freundin damit imponieren und wenigstens einmal im Leben ordentlich angezogen in der Schule erscheinen.) Deshalb hat er uns mit Hundeblick darum gebeten, ihm zu helfen.
Hilfe brauchen sie ständig, nur zugeben können sie das nicht – ebenso wenig, wie sie Hemden bügeln können!

Achtung! Immer schön auf der Hut sein. Sie, die Kinder kennen uns! Wenn wir nicht aufpassen, gelingt es ihnen ohne viel Mühe, unser Arbeitspensum zu verdoppeln. Natürlich fragen wir sie abends noch Vokabeln ab, weil sie tagsüber nicht dazu gekommen sind, sie zu lernen und morgen die gefürchtete Vokabelarbeit (die sie dann leider doch ziemlich verhauen) auf dem Plan steht.
Sie wissen, wo wir unsere kleinen Schwächen haben und wie sie diese nutzen können. Von „unseren“ Kindern also sollten wir lernen!

Natürliche Feinde erkennt man sofort – Sie passen ins Beuteraster: unordentliche Jugendliche, die ihre Zimmer nicht aufräumen und ihre Socken erst dann wechseln, wenn sie beim Ausziehen von alleine stehen bleiben, Kinder, die vorlaut sind und sich nur an Regeln halten, wenn sie sich einen Vorteil davon versprechen. Die möchte man doch allzu gerne „besiegen."

Zumindest ist so die landläufige Meinung. Manchmal geht es auch nicht ganz ohne Machtkampf, schöner aber scheint mir die Idee, die Kinder und Jugendlichen, die wir betreuen, bei allem Bewusstsein professionell angeratener Distanz zu Freunden zu machen. Nehmen wir sie einfach ein wenig auf die Schippe. Dass sie uns einwickeln wollen, ist verständlich! Lassen wir sie also hin und wieder gewähren, damit sie ein gesundes Selbstbewusstsein entwickeln können. Nur den Überblick sollten wir dabei nicht verlieren und die Führung behalten, solange sie noch nicht so recht wissen, wohin. Sonst werden sie „größenwahnsinnig", rotten sich zusammen und machen uns das Leben wirklich schwer. Dass sie alles besser zu wissen meinen, liegt in der Natur der Sache. Man kann es ihnen nicht verdenken. Ihre Intelligenz ist eben noch nicht ganz ausgereift, und sie glauben tatsächlich fest daran, das Wesentliche ihres Lebens bereits begriffen zu haben. Immerhin wissen sie, wie die Spielkonsole angeht und wie sie eigene Videos ins Netz stellen können – das ist schon mal eine Menge.

Letztlich kann man kaum in einem Kinderheim arbeiten, wenn man nicht mit großer Leidenschaft verstehen will, wie die Gruppe funktioniert.

Vielen Kindern und Jugendlichen fällt es aufgrund ihrer Vorerfahrungen schwer, Vertrauen zu fassen. Es wird einfacher, wenn wir die damit verbundene Skepsis uns gegenüber nicht persönlich nehmen. Wir veranstalten kein Wettrennen bei der Verteilung von Zuneigung, und es geht nicht um Macht. Nicht darum, dass irgendwer der oder die Stärkere ist, sondern darum, den Mut zu entwickeln, sich zu zeigen und die Richtung vorzugeben. Dazu müssen wir, die Erwachsenen, uns einig sein, miteinander sprechen und uns auseinandersetzen. Unsere Kinder, egal welchen Alters, sollten uns das wert sein. Wenn wir es schaffen, Grenzen aufzuzeigen, geben wir auch Halt. Wenn wir zulassen, dass wir uns aneinander reiben, entsteht auch Wärme.

Auch wenn wir immer wieder mal den Eindruck gewinnen, dass die Bedürfnisse junger Leute manchmal nicht recht zu den Zielen passen wollen, die wir für sie festgelegt haben, wir sollten nicht übersehen, dass auch dies in der Natur der Sache liegt. Waren wir damals anders? Wahrscheinlich nicht. Auch wir waren laut, wenn Erwachsene ihre Ruhe wollten, haben lieber geschlafen, anstelle für die Schule zu arbeiten und haben uns wenig manierlich benommen, wenn unsere Anspannung zu groß war, zu viel zur selben Zeit von uns verlangt wurde. Auch wir waren *natürliche Feinde.*

Wer mich kennt weiß, dass ich Kinder und Jugendliche gerne ein bisschen provoziere. Man sollte also nicht jedes Wort auf die Goldwaage legen. Selbstverständlich weiß ich, dass unsere Kinder und Jugendlichen ganz wunderbar, außergewöhnlich klug und sehr manierlich sind. (Nur, dass sie sich eben noch nicht so recht trauen, dies auch zu zeigen.) Was sollten ihre Freunde denken, wenn sie zugäben, sich mit uns bestens zu verstehen? Es gehört schon zum guten Ton, sich mit den Erwachsenen zu überwerfen. (Auch *natürliche Feinde* sollte man also nicht immer so ernst nehmen.)
Aber: Sollte jemals ein Anschreiben eines Stromversorgers im Briefkasten ihrer ersten eigenen Wohnung landen und sie tatsächlich auf die Idee gekommen sein, nicht nur an den Briefkasten zu gehen, um hineinzusehen, sondern den Brief auch herauszunehmen und zu öffnen, gibt es glücklicherweise jemand, der ihnen in aller Ruhe erklärt, was der Absender ihnen sagen will …
Wenn ich von *Kinderheim* rede, dann nur, weil *Jugendhilfeträger* so formell klingt und unnötig Fragen aufwirft. Kinderheim, das kennt man: Große graue Schlafsäle, in denen Bett an Bett steht und ungewaschen wirkende Minderjährige ihre zerrissenen Kleidungsstücke, zuvor sauber aufgefaltet, auf einen Stuhl gelegt haben …

Wie kommt man auf die Idee, so was zu gründen, ein Kinderheim? Eine der Fragen, die mir am häufigsten gestellt worden ist. (Und ich selbst habe mich das auch oft gefragt. Kopfschüttelnd.)
Bisweilen kamen mir fachlich versierte Antworten in den Sinn, und ich habe von Bedarfslagen geredet und *konzeptionelle Ideen* und deren Umsetzung in den Mittelpunkt gestellt, oftmals war ich auch pragmatisch: Das eine Heim wurde geschlossen (wir hören davon noch in nachfolgenden Kapiteln), und wir brauchten einen neuen Ort, unsere begonnene Arbeit fortsetzen zu können. Was also lag näher, als ein neues zu gründen?

Die Wahrheit aber ist: Ich kann nichts anderes … Ich bin selbst als *Heimkind* groß geworden (das mit der Größe muss man nicht so wörtlich nehmen: Ich bin nicht mal eins siebzig und unsere Jugendlichen, oft einen Kopf größer als ich, werden nicht müde, mich damit aufzuziehen). Weil ich schon mal im Heim gelandet war, habe ich dann alle Stufen durchlaufen, die man als Pädagoge in einem Heim durchlaufen kann:
Ich war Schüler, dann Praktikant, Absolvent eines Freiwilligen Sozialen Jahres, nach meiner Erzieherausbildung dann Praktikant im Anerkennungsjahr, Erzieher im Schichtdienst, Gruppenleiter, Heimleiter, Einrichtungsleiter und letztlich Geschäftsführer.

Ich kann also wirklich nichts anderes …

Robert Becker, 2016

Robert Becker
„Das Kind, mein natürlicher Feind", (Pastellkreide, 1998)

Inhaltsverzeichnis

Das Buch

Mit all den vielen Kindern, Jugendlichen und jungen Erwachsenen, die wir in den letzten 20 Jahren betreut haben, verbinden wir Erinnerungen. Manche sind bunt und lebendig geblieben, andere verblassen ganz allmählich. Nur einige wenige Jugendliche haben eine Schneise der Verwüstung hinterlassen. (Ja, auch die gab es!) An die anderen, über deren Tollpatschigkeit wir auch im Nachhinein immer wieder lachen müssen, oder die uns mit ihrer Dramatik noch heute rühren, erinnern wir uns lieber. Aber wie sie auch waren: Alle haben ihren Anteil an unserer Geschichte und kleine Puzzleteile hinterlassen, die das Große und Ganze ausmachen. Mit einigen von Ihnen sind wir noch immer im Kontakt.

Von der Idee, ein Buch über unsere Geschichte zu schreiben, waren viele sehr angetan und haben spontan angeboten, sich daran zu beteiligen und uns einen Teil ihrer Geschichten zu erzählen.
Nichts kann besser Aufschluss darüber geben, was wir, die Pädagogen, in unserer Arbeit tun, als direkt von diesen jungen Menschen deren Sicht der Dinge zu erfahren.
Auch wenn uns bewusst ist, dass die „Berichte Betroffener" immer auch zum „unkritischen Voyeurismus" einladen können, haben wir uns entschieden, einige Beiträge zu veröffentlichen.
Sie sind weitgehend so geblieben, wie sie bei uns eingegangen sind. Im Einzelfall haben wir aber zum Erreichen einer besseren Verständlichkeit Ergänzungen oder Kürzungen vorgenommen.

Wir haben hier und da interessante, aber uns zu persönlich scheinende Details in Absprache mit den jungen Autorinnen und Autoren zu deren Schutz fortgelassen und generell dazu geraten, die Beiträge anonym zur Verfügung zu stellen. Trotzdem haben einige der Jugendlichen und jungen Erwachsenen darauf bestanden, mit ihrem Namen genannt zu werden. „Es gibt nichts, über das wir uns schämen müssen", haben sie gesagt und damit sicherlich Recht.

Ich war überrascht, wie viele Erinnerungen bei Einzelnen bestehen. Oft hatten Dinge, denen wir kaum Beachtung geschenkt haben, große Bedeutung. Und ich war überrascht, wieviele Bilder entstanden, welche Vergleiche herangezogen wurden und wieviel Spaß die ganze Arbeit dadurch machte.

Dieses Buch zu schreiben, war ein spannender Prozess und immer wieder tauchten Geschichten und kleine Anekdoten auf, die uns passend schienen. Ein paar davon habe ich aus meiner Abschlussarbeit („Dampfmaschine und Uhrwerk", 1998, Institut für Familientherapie, Weinheim) übernommen, viele sind neu hinzugekommen.

Auch wenn mein Ansinnen nicht gewesen ist, ein Fachbuch zu schreiben, so sagt der Inhalt doch viel über unsere Arbeit aus.
Dass viele der Beiträge, die von Kindern und Jugendlichen stammen, sehr wohlwollend klingen, soll nicht darüber hinwegtäuschen, dass auch uns nicht alles gelungen ist. Auch wir hätten Dinge besser machen können, hätten Fehler vermeiden sollen. Nicht jeder der Jugendlichen ist im Nachhinein gut auf uns zu sprechen gewesen, (aber ich glaube, die überwiegende Mehrheit ist es).

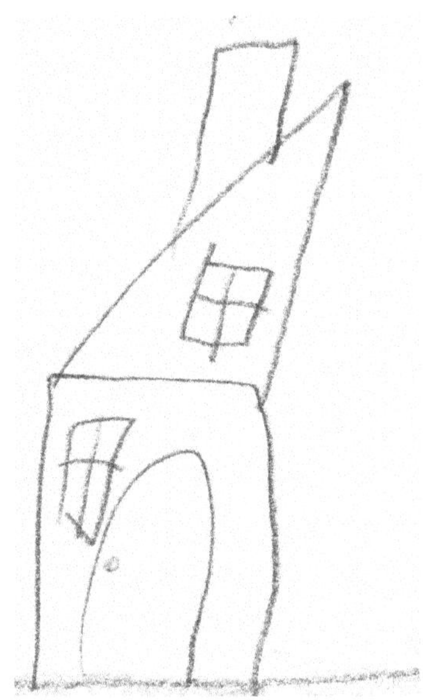

Unsere Geschichte

Zum besseren Verständnis müssen wir an dieser Stelle etwas ausholen.
Man stelle sich Folgendes vor: Das 1957 als städtisches Kinderheim in Betrieb genommene Bürgermeister-Gräf-Haus, eine damals moderne, pädagogische Einrichtung für 140 Kinder und Jugendliche, steht knapp 40 Jahre später vor der Schließung.
Ein großes Gebäude, eines mit Geschichte, das sicherlich hunderten von Kindern und Jugendlichen über all die Jahrzehnte oft genug ein Zuhause war. In unmittelbarer Nachbarschaft ein unter gleichem Namen geführtes Wohn- und Pflegeheim für ältere Menschen. Das großzügige Außengelände zur gemeinsamen Benutzung ließ auf die konzeptionelle Idee dahinter schließen: Begegnungen zwischen den Generationen. Die Realität aber sah anders aus: Die Bewohner beider Häuser blieben für sich. Auch die Mitarbeiter untereinander hatten kaum Kontakt.

Im Laufe der Zeit änderten sich die Anforderungen an Heimerziehung. Das Kinderheim, durch seine Größe bedingt sehr unübersichtlich, die Organisation mit der eines Großbetriebes vergleichbar, dazu unwirtschaftlich, konnte den pädagogischen Ansprüchen nicht mehr genügen.

Drei Jahrzehnte nach Gründung begannen gravierende Veränderungen: Verschiedene Abteilungen, so zum Beispiel die Aufnahmegruppe, zogen aus. Man sprach von Dezentralisierung.
Auf dem Gelände zurück geblieben waren nur noch einzelne Gruppen, die schließlich im Laufe der kommenden Jahre immer weiter „ausgedünnt" wurden und ins „Haupthaus" zogen. Der Rest einer einst sehr großen, respektablen Institution, der „harte Kern", wenn man so sagen will.
Versuche, konzeptionelle Grundgedanken zu beleben, Veränderungen vorzunehmen und frischen Wind einziehen zu lassen, waren gescheitert. Letztlich waren die Strukturen zäh, der Geist unbeweglicher als notwendig und das vorherrschende Sicherheitsbedürfnis größer als gedacht. Mutige Schritte fehlten.

Das Bürgermeister-Gräf-Haus hatte sich selbst überlebt. Wahrscheinlich muss man das so ausdrücken. Man hatte den Anschluss an das, was erforderlich gewesen wäre, verpasst – vielleicht aber auch verpassen wollen.

1989 etwa (für die Verantwortlichen sicherlich auch früher) stand fest: Das Gelände des Kinderheims würde einer anderen Nutzung übergeben werden, und der Abriss des Gebäudes war nur noch eine Frage der Zeit. Entsprechend groß die Enttäuschung.
Als ich 1990 als Gruppenleiter anfing, war dieser Schmerz wie eine Lähmung zu spüren, und ich erfuhr umgehend, das heißt: noch im Bewerbungsgespräch, von der bevorstehenden Auflösung des Hauses und von einem geplanten Neubau für uns (an den aber niemand so recht glauben wollte).

Meine Aufgabe als neuer Gruppenleiter bestand darin, ein sehr von Gegensätzen geprägtes Arbeitsteam mit neun Kindern und Jugendlichen zu übernehmen.
Ich, der junge Mann, gerade dreißig geworden, auf der einen, mein Team: gestandene Frauen mit jahrzehntelanger Erfahrung auf der anderen Seite. Mit festen Vorstellungen, wie die Rocklänge pubertierender Mädchen zu sein habe, wie ein Haushalt zu führen und was von modernem Kram zu halten sei.
Echte „Schlachtrösser der Heimerziehung" mit dem Herz am rechten Fleck! Deren Vorstellungen nicht verkehrt, nur sehr von meinen differierend.
Mein Auftrag: Formelle Strukturen einzuführen und die pädagogische Arbeit in der Zeit angepasste Bahnen zu lenken, (was immer das auch bedeuten sollte). Ein schwieriges Unterfangen und eine große Herausforderung für mich.
Es stand außer Frage: Ich würde viel lernen können.
Mein Empfang war herzlich, die Kolleginnen, so erfahren sie auch waren, erleichtert.

Was das alles mit der Neugründung eines Kinderheims zu tun hat? Ich glaube eine Menge! Das Bürgermeister-Gräf-Haus mit all seinen Strukturen und all diesen Erzieherinnen „alten Schlags" – im besten Sinn des Wortes gemeint – prägten mich und bis heute erkenne ich darin unsere Wurzeln.
Ich erinnere mich: Sie griffen mir unter die Arme, wenn ich beim Kochen für so viele Kinder etwas den Überblick verloren hatte, und ich führte im Gegenzug die ersten computergestützten Tabellen ein. Sie bauten mir „ein berufliches Nest" und legten großen Wert darauf, dass es mir gut ging. (Bis heute erzähle ich meinen Mitarbeiterinnen und Mitarbeitern gerne von der „guten alten Zeit", wo mir als Chef, auch gegen meinen Willen, noch Kaffee gekocht wurde und stets jemand darauf achtete, dass ich was Süßes bekam …)
Aber, und das war wichtiger als ihre Versorgung: Sie respektierten mich. Nach so vielen Berufsjahren Verantwortung abgeben zu können, empfanden sie auch als Entlastung.
Es wurde ein gutes Miteinander, auch wenn wir uns manchmal argwöhnisch beäugten: Ich mit meinen ständigen Neuerungen und sie, meine Kolleginnen, mit ihren für mich etwas verstaubten Moralvorstellungen und genauen Vorgaben, wie Bettwäsche zu bügeln war und wo die Handtücher im

Schrank „zu sitzen" hatten. Ich wurde nicht geschont. Was ihnen nicht passte, passte ihnen nicht. Von ihnen lernte ich, dass man einen festen Boden braucht, um tanzen zu können, dass ordentlich geputzte Gruppenräume und ein gutes Essen Gold wert waren. Die Kinder brauchten diese Kontinuität und Versorgung, oftmals mehr als pädagogische Gespräche. Meine Kolleginnen wussten das, und ich spürte, wie recht sie hatten.
Sie wussten auch, was hinter den Kulissen geschah, wie die Verwaltung funktionierte und wer an welcher Stelle saß und was zu sagen hatte. Ein unschätzbares Kapital, wie sich später noch herausstellen sollte.

Zunächst einmal aber dauerte es Jahre, bis etwas Maßgebendes geschah: Jahre, in denen sich eine Grundstimmung, geprägt von Resignation und Misstrauen, ausbreiten konnte, der Sache wenig dienliche Auseinandersetzungen zunahmen und überall Verunsicherung zu spüren war.
Was war nun? Würde die Schließung tatsächlich auf uns zu kommen? Und was sollten wir den Kindern und Jugendlichen sagen? Niemand schien etwas Genaues zu wissen.
Letztlich waren auch die politischen Strukturen im Hinblick auf eine effektive Planung eher ungünstig. Exemplarisch sei hier die Tatsache benannt, dass innerhalb von acht Jahren alleine sechs unterschiedliche Sozialdezernenten im Amt waren.

„Persönliche Kompetenz und Wertschätzung professioneller Konflikt- und Verhandlungsfähigkeit sind bei zahlreichen Mitarbeiterinnen und Mitarbeitern im Jugendamt Frankfurt/M, in den ASDs (Allgemeiner Sozialdienst) und städtischen Heimen zu wenig entwickelt. Dies gilt insbesondere für die Leitungskräfte. Strukturen und Konzepte verhindern, dass Fachkräfte die erforderliche professionelle Konflikt- und Verhandlungsfähigkeit entwickeln und schätzen können, und gleichzeitig verhindern Personen, dass Strukturen und Konzepte durchgesetzt werden, die diese Kompetenzen herausfordern und belohnen: Eine Paradoxie – hier sehen wir das zentrale Problem im Jugendamt Frankfurt."

(Institut für soziale Arbeit, Forschungsbericht, 1996, „Qualifizierung der Hilfeplanung und der Hilfen zur Erziehung in der Stadt Frankfurt am Main", S.15 ff)

Zentrale Probleme, kompliziert beschrieben. Für uns kaum zu durchschauen. Eine Planungsgruppe, zu der auch ich gehörte, nahm halbherzig ihre Arbeit auf. Architektenpläne, vorgelegt und wieder verworfen, sollten uns bei Laune halten, erreichten aber das Gegenteil. Bald hatten wir genug.
Es war klar: Der lang gehegte Wunsch, in einen eigens für uns geplanten und realisierten Neubau umzuziehen, schien zu zerplatzen. Keine Nachfolgeeinrichtung? Das stand 1996, sechs Jahre nachdem ich meine Position als Gruppenleitung übernommen hatte, schließlich fest und löste eine Starre aus. Im Informationsschreiben „Zur weiteren Perspektive des Bürgermeister-Gräf-Kinderheims" war am 1. Juli 1996 u.a. zu lesen: „Es wurde festgestellt, … dass darüber hinaus auch in Hessen die Nachfrage nach Vollzeitheimplätzen stark zurückgegangen ist ... Von der Jugendamtsleitung wurde unter diesen Voraussetzungen vorgeschlagen, das Bürgermeister-Gräf-Kinderheim zum Jahresende zu schließen." [1]

Was nun?
Achselzucken.
Heimplätze gebe es in Hessen genug, so die Verantwortlichen. Stellen für uns ebenfalls. Kein Grund zur Sorge also … Für alles sei gesorgt.
Ein Teil der Kinder hierhin, ein anderer Teil dorthin.
Die Bereitschaft zur Aufnahme war seitens anderer Heimeinrichtungen signalisiert worden. Wirtschaftlich gesehen war es nur gut, einerseits Plätze, die nicht mehr gebraucht wurden, abzubauen, und andererseits die Kapazität anderer Einrichtungen, für deren Erhalt man zu sorgen hatte, durch unsere Kinder und Jugendlichen auszulasten. Das schien zwingend einleuchtend, zumindest für wirtschaftliche Lagerverwalter, die glattweg übersehen hatten, dass wir keine Schuhkartons zu stapeln, sondern Kinder zu betreuen hatten. Ich selbst sah mich als Sozialarbeiter hinter einem Schreibtisch sitzen oder in einer der Kindertagesstätten Muttertagsherzen aus roten Knüllkügelchen basteln …
… nicht nur das machte mich wütend.

Die Kinder unserer Gruppe sahen uns mit großen Augen an. Was war mit ihrer Gruppe?
„Heimplätze in Hessen" war nicht das gleiche.

Wir sind doch hier zuhause. Sag denen das.
Das haben die noch nicht gemerkt.

Michael, damals 4 Jahre alt

---

[1] Protokoll einer Besprechung vom 21.06.96 zwischen dem Sozialdezernenten, dem Jugendamtsleiter, dem Heimkoordinator sowie der Fachberaterin der städtischen Heime.

Wenn es die Gruppe nicht mehr gibt, bleibe ich trotzdem hier. Ich kann nicht schlafen, wenn ich nicht in den Hof gucken kann, und du musst einfach die Bagger wegschicken, wenn sie kommen.

Nadija, damals 6 Jahre alt

Die Kinder und Jugendlichen fühlten sich bei uns zuhause.
Aus meiner Position als Gruppenleiter war ich „der Stadt" unterstellt, musste demzufolge den Dienstweg einhalten und hatte deshalb kaum Gelegenheit gegenüber den Verantwortlichen Position zu beziehen, geschweige denn für unsere Ideen einzutreten. Wir alle waren zur Passivität verdammt, kamen uns vor, als säßen wir in einem Wartezimmer, ohne sichergehen zu können, dass der Arzt überhaupt schon da war. Nichts, das gut zu mir passte.
Wir wollten etwas unternehmen, statt nur zu warten, dass etwas geschah.

Als passable Möglichkeit kam uns die Gründung eines Fördervereins in den Sinn. Ein Name war schnell gefunden. Einer, der sich in den vielen Jahren danach oftmals als zu lang herausstellen sollte, aber das ausdrückte, was wir wollten: Kooperieren und unseren Anteil an Erziehungsarbeit leisten. Wir wollten Geld sammeln, um Projekte für die uns anvertrauten Kinder unterstützen zu können, und strebten danach, unsere konzeptionellen Ideen einbringen zu können.

Ohne zu wissen, was daraus werden würde, gründeten meine Frau und ich sowie fünf weitere Kolleginnen meines damaligen Teams 1996 unerschrocken die Kooperative Erziehungsarbeit e.V.
Klar, wir waren stolz darauf, was aber sollten wir nun konkret mit diesem Zusammenschluss anfangen? In der Tat blieb es erst einmal dabei, dass es nun die Kooperative Erziehungsarbeit e.V. gab – nicht mehr und nicht weniger.
Kaum jemand kannte uns, die, die uns kannten, belächelten uns. „Und nun?" Das fragte ich mich auch.

Der Stein lässt sich bewegen

Aus dem Sozialdezernat ließ man mich wissen, dass man an einem Förderverein kein Interesse habe … an einem Freien Träger der Jugendhilfe unter Umständen aber schon.

Was war das?

Von einem „Freien" Träger hatten wir noch nie etwas gehört. „Frei" bedeutete, nicht länger der Verwaltung städtischer Behörden unterstellt zu sein, sondern in eigener Verantwortung zu agieren. „Frei" hörte sich gut an!

Anfänglich herrschte nicht nur bei uns sondern auch im Kollegenkreis weit verbreitet, Unsicherheit. Über Sinn und Zweck unseres Vorhabens bestand Unklarheit: Von Sympathiebekundungen bis zum ungläubigen Kopfschütteln begegneten uns viele Reaktionen. Auch feindselige, die behaupteten, wir würden durch unseren Vorstoß die Überlegungen der Verantwortlichen aus den Reihen der Stadtverwaltung stoppen, ja sogar, die Existenz des Hauses gefährden …

Wie das?

Erhitzte Gemüter, die einem immer zu begegnen scheinen, wenn man den markierten Weg verlässt, machten uns anfangs das Leben schwer. Die Konsequenzen unseres Handelns seien für uns doch gar nicht abzusehen. (Da hatten sie recht, die Skeptiker und Panikmacher!)
Aber wenn man nur einen Schritt tut, wenn man genau überblicken kann, wie es dort, wohin man aufzubrechen bereit ist, aussieht, würde sich kaum jemals etwas verändern lassen.

Wir sprachen mit den Kindern und Jugendlichen, obgleich man uns gebeten hatte, dies nicht zu tun. Ich habe schon immer viel davon gehalten, mit denen zu sprechen, um die es geht, anstelle über sie, und wir wollten an den Gedanken der Kinder und Jugendlichen teilhaben. Eine wichtige Erfahrung für alle, dass auch wir nicht immer gleich eine Lösung parat hatten, nicht immer wussten, wie weiter

zu verfahren war, und auch wir den Weg suchten, dessen Richtung keiner so recht kannte.
Was bedeutete es, in einem Kinderheim zu leben? Was genau bewegte unsere Kinder und Jugendlichen?

Sabine, damals 14, heute Dipl.- Sozialarbeiterin, schrieb 1996:

> Ich war also im Heim, weil zuhause alles drunter und drüber gegangen war, und meine Mutter oftmals tagelang nicht nach Hause kam oder betrunken in der Ecke lag. Da war ich neun, und ich wollte es niemand erzählen. Ich habe mich so sehr geschämt, dass ich monatelang mit keinem darüber geredet habe.
>
> Irgendwann hat mein Erzieher gesagt: "Lade deine Klasse ein und zeig ihnen endlich, wie du lebst". Ich habe ihn für verrückt gehalten, Drohungen ausgestoßen und ihm gesagt, dass ich das niemals tun werde. Ich weiß nicht, warum ich es dann doch getan habe. Vielleicht hatte ich das Versteckspielen wirklich satt, vielleicht war es, weil mein Erzieher mich ‚Feigling' nannte, jedenfalls kam meine Klasse und ich habe mich in meinem Zimmer versteckt ... Danach war der Knoten geplatzt und es gab Schulfreunde, die gerne mit mir tauschen wollten ... und dann wusste ich, dass ich hier zu Hause war.

Ein Zuhause war schon mal eine ganze Menge …

Bis zu einer endgültigen Entscheidung seitens des Dezernenten, die für Jahresende im Rahmen einer Personalvollversammlung angekündigt wurde[2], wurden wir ermutigt, eigene Perspektiven zu entwickeln und zu realisierende Vorschläge zu unterbreiten.
Aber fast niemand sah mehr eine Möglichkeit, das „Ruder noch herumreißen" zu können.
Im Haus hatte sich längst ein lähmendes Klima breitgemacht, das bei vielen zur Regungslosigkeit führte.
Viele sahen sich mit dem Aufruf, sich konzeptionell Gedanken zu machen, nicht ernst genommen. Unmittelbar mit Beginn der Sommerferien war konzeptionelles Arbeiten so gut wie unmöglich. Die Kinder hatten schulfrei, mussten auch vormittags betreut werden, und die jährliche Ferienfreizeit stand bevor. Ging man davon aus, dass kein reales Interesse an unseren Ideen bestand, man hätte den Zeitpunkt nicht günstiger wählen können. Nach umsetzbaren Lösungen suchte unter diesen Umständen kaum noch jemand aus der Belegschaft.

Etwas Unlauteres zu unterstellen hat noch nie geholfen. Dennoch: Viele von uns zweifelten daran, dass die Verantwortlichen wirklich Interesse an einer Kooperation hatten und waren zusätzlich verärgert.

Ein Wettlauf gegen die Zeit begann.
Um etwas zu bewegen, brauchten wir ein gutes Management. Unter großer Zeitanspannung zu arbeiten liegt nicht jedem, zudem zunächst völlig unklar war, ob wir Unterstützung erwarten konnten. Trotz regte sich.
Man ließ uns wissen, dass wir als Kooperative Erziehungsarbeit e.V. nicht im Auftrag der Stadt, sondern ausschließlich zu unserem eigenen Interesse arbeiteten, was nur soviel bedeutete, dass ich von meiner Arbeit nicht freigestellt wurde.
Aber wir fanden eigene Lösungen: Ich schrieb, setzte mich dazu ins Esszimmer der Gruppe, und die Kolleginnen übernahmen zusätzlich meine Dienste über Tag und betreuten die Kinder, damit ich in Ruhe arbeiten konnte. Es entstand ein Klima reger Betriebsamkeit, obgleich kaum einer der Kinder und Jugendlichen verstand, was vor sich ging und einige davon auch genervt waren.

---

[2] *Vgl. Rundbrief Dezernat für Jugend, Soziales und Wohnungswesen vom 16. September 1996 mit der Einladung zur Personalvollversammlung zum 13. November 1996*

Iris, damals zehn Jahre alt, kommentierte das so:

Früher war es lustiger mit dir! Jetzt sitzt du nur noch dumm rum und glotzt die wand an!

Unsere Idee, als Träger für eine weiterführende Einrichtung zu fungieren, sei ausgemachter Unsinn. Wer kam denn auf die Idee, ein Kinderheim gründen zu wollen? Unter Bezugnahme auf die vom Landesjugendamt Wiesbaden 1996 erhobenen rückläufigen Belegungszahlen sei bedauerlicherweise nicht mit Unterstützung zu rechnen. Statistisch gesehen seien keine neuen Heimplätze erforderlich. Im Gegenteil: Man habe zu viele, so das persönliche Anschreiben des Verantwortlichen aus dem damaligen Landesjugendamt, der uns wohlmeinend, aber nachdrücklich abriet, unser Vorhaben weiter zu verfolgen. Zu spät, wir waren bereits entschlossen.
Man unterstellte uns persönliche Betroffenheit, emotionales Handeln jenseits aller Realität, und traf damit den Nagel auf den Kopf. Wir waren persönlich betroffen und hoch emotional!
Immerhin sollte unsere Gruppe geschlossen werden. Die Kinder würden ihr Zuhause verlieren. Man würde Beziehungsabbrüche in Kauf nehmen. Genau das aber hatten die meisten von ihnen schon zu häufig erlebt.

Vielleicht gab es tatsächlich Situationen, in denen wir uns merkwürdig gereizt verhielten. Nicht ausgeschlossen. Die KollegInnen im Haus, die wir nicht für unsere Idee gewinnen konnten, nannten uns Spinner und Profilneurotiker. Absurd, sich gegen die „Großen da oben" auflehnen zu wollen. Als „Zwerg" würde man uns glatt erschlagen. (Ich aber hatte mit den Kindern „Lukas der Lokomotivführer" in der Augsburger Puppenkiste gesehen und wusste, dass es Riesen gab, die nur aus der Ferne betrachtet Furcht erregend groß waren und die, je näher man ihnen kam, desto kleiner und sympathischer werden würden.)
Auch verantwortliche Mitarbeiter des Jugendamtes verhielten sich reserviert und zeigten zunächst wenig Bereitschaft, sich unserer Idee überhaupt anzunehmen. Jemand, der vorgab, ein Kinderheim gründen zu wollen, gab Anlass zu Skepsis. Man könne nicht einfach so ein Kinderheim gründen, ließ mich eine vertraute Sozialarbeiterin wissen und schüttelte ungläubig mit dem Kopf. Warum nicht? Andere Unternehmen wurden doch auch gegründet. Was, wenn ich einen Schuhladen hätte gründen wollen? Niemand hätte sich derart skeptisch geäußert. Mit Schuhen aber kannte ich mich gar nicht aus – mit Kindern und Jugendlichen schon.
Man prophezeite uns eine Bauchlandung, die Schadenfreude unserer Gegner und den finanziellen Ruin meiner Familie. Und ich, niemand anders, würde an all dem schuld sein.

Auch wir erkannten das wirtschaftliche Risiko, für das jemand persönlich haften musste. Es schien mehr als fraglich, ob wir eine Bank finden würden, die bereit war, uns ein Investitionsdarlehen zur Verfügung zu stellen.
Würden wir nicht fast zwangsläufig neben den in Frankfurt ansässigen großen Trägern sang- und klanglos untergehen müssen?

Niemand hätte uns verdenken können, wenn wir umgekehrt wären, und es wäre gelogen zu behaupten, nicht auch ich hätte Tendenzen gezeigt, mich einzugraben, um zu tun, als sei nichts geschehen …

… manchmal aber ist man zu weit vom Weg abgekommen, um noch umkehren zu können. Und dennoch plagten mich hin und wieder Zweifel. Meine Frau war überzeugt, dass wir das Richtige taten, zumindest behauptete sie das immer, wenn ich Sorgenfalten aufgelegt hatte. „Was kann schon passieren?" fragte sie, obgleich sie die möglichen Antworten selbst kannte. Ihr unerschütterlicher Optimismus war ausschlaggebend, dass wir, wie geplant, weitermachten.

Ein Junge der Gruppe, 1989 als ElfJähriger aufgenommen, lebte für acht Jahre im Bürgermeister-Gräf-Haus. Nach Fachabitur, Ausbildungen zum Industriekaufmann und Immobilienfachwirt lebt und arbeitet er heute erfolgreich in Berlin. Über seinen Heimaufenthalt damals im Bürgermeister-Gräf-Haus schrieb er mir 2005:

Nils K., langjähriges Mitglied der Kooperative Erziehungsarbeit e.V.
(siehe Abb. rechts)

Das war es was wir brauchten: Eine langfristige Perspektive.

Es wäre eine eigene Geschichte wert, zu beschreiben, wie es uns gelang, eine Sekretärin zu bewegen, unseren Antrag, als Freier Träger der Jugendhilfe anerkannt zu werden, ganz oben auf eine ohnehin schon zu volle Tagesordnung für eine Kreisausschusssitzung zu platzieren.

Wie es spannend wäre zu hören, was alles sonst noch dazu beitrug, welche Zufälle ausschlaggebend waren und wer an welcher Stelle „Strippen gezogen" hat.
Aus Gründen der Diskretion lassen wir das aber.
Wichtiger für den Fortgang der Geschichte war: Am 3. November 1996 erhielten wir tatsächlich die mündliche Zusage, als Träger anerkannt zu werden. Nur wenige Tage später war die Personalvollversammlung, in der die Beschlussfassung, was mit dem Bürgermeister-Gräf-Haus passieren sollte, bekannt gegeben wurde.

Geteiltes Leid ist halbes Leid, dies war sicherlich eine meiner ersten Erfahrungen, die ich nach meiner Aufnahme in das Kinderheim gemacht habe. Zu sehen, dass auch andere Kinder aus zerrütteten Familien stammten, half mir dabei, die Schuld für die Situation, in der ich mich befand, nicht mehr bei mir zu suchen. Gut erinnern kann ich mich auch noch an meinen inneren Konflikt: Mich auf das Heim einzulassen und dieses als langfristige Perspektive zu akzeptieren, wäre einem Verrat an den Personen gleichgekommen, die bis dato für meine Fürsorge verantwortlich waren. Erst nachdem ich mich bewusst für das Leben im Heim entschied, war ich fähig, die dort gebotene Hilfe und Fürsorge auch anzunehmen. Die Arbeit in einem Kinderheim stellt zweifelsohne hohe Ansprüche an die jeweils mit der Betreuung betrauten Pädagogen. Leider war zu meiner Zeit die Personalbesetzung von hoher Fluktuation geprägt. Um so wichtiger war es für meine Entwicklung, dass mich ein männlicher Erzieher, Robert Becker, kontinuierlich begleitete. Es fiel mir seinerzeit ohnehin schwer, anderen Personen Vertrauen zu schenken und sie an den Dingen die mich beschäftigten, teilhaben zu lassen. Erst dieses langfristige Vertrauensverhältnis ermöglichte mir eine Aufarbeitung des Erlebten und das Finden eines eigenen Weges. In ‚normalen' Familien begleiten einen die Eltern schließlich auch langfristig.

Nils

Und es ist nicht gelogen, wenn ich sage, dass die schriftliche Anerkennung, die wir dringend brauchten, um im Rennen zu bleiben, uns erst an diesem Tag, einem Mittwoch, dem 13. November 1996 pünktlich in Butzbach erreichte und dort von meiner Frau auf unser Faxgerät gelegt wurde, um punktgenau im Frankfurter Römer zu landen.
Die Spannung wuchs.
Würde es gelingen, dass unsere Anerkennung noch pünktlich vom Sozialdezernent zur Kenntnis genommen würde? Würde die freundliche Dame, die zugesagt hatte, unser Schreiben weiter zu leiten, Wort halten?

Ich habe nicht mehr daran geglaubt, dass wir das schaffen. Den Abend zuvor haben wir unseren Untergang besiegelt und zugegeben: Wir haben etwas zu viel Rotwein getrunken. Wir saßen erschöpft, leicht verkatert, in den Reihen und konnten es kaum glauben: Sozialdezernent Vandreike gab bekannt, dass wir als Nachfolgeeinrichtung für das Bürgermeister-Gräf-Haus vorgesehen sind. Unseren Vorsitzenden, Robert Becker, hat er gebeten, nach der Sitzung zu ihm zu kommen, um alles Weitere zu besprechen. Robert hat nur gesagt: Ich hätte mich besser rasieren sollen.

Daniela G., damals Erzieherin aus meinem Team

Nicht mehr zu stoppen

Vielleicht kann man sich vorstellen, was passierte, nachdem klar war, dass die Zeit ablief, niemand aber wusste, ob es die Kooperative Erziehungsarbeit e.V. schaffen würde, sämtliche Auflagen zu erfüllen. Eine Nachfolgeeinrichtung jedenfalls waren wir noch lange nicht.

236 Tage bis zu den Sommerferien, die am 24.7.1997 beginnen würden. Unsere Deadline. In der verbleibenden Zeit mussten wir beweisen, dass hinter unseren Ideen auch tatkräftiges Handeln stehen würde.
Ein Haus musste gefunden werden. (Nicht, dass es in Frankfurt keine Häuser gegeben hätte ..., aber eines mit 14 Zimmern? Es braucht nicht viel Phantasie, sich vorzustellen, was darüber hinaus passiert ist, sobald ich Hausbesitzer anrief und ihnen am Telefon von unserer guten Idee erzählt habe, dabei zu sein, ein Kinderheim zu gründen und gleich mit 9, vielleicht mehr Kindern einziehen zu wollen.)
Die Immobiliensuche aber war nicht unser einziges Problem. Unsere konzeptionellen Ideen mussten verfasst und vorgelegt, eine Kalkulation erstellt und eine Bank zur Finanzierung gefunden werden. Plötzlich landeten auf meinem Tisch so viele Fragen, dass ich selbst aufpassen musste, nicht den Überblick zu verlieren.
„Wo kriegen wir Möbel her?" (Gab es nichts Wichtigeres?)
„Was, wenn...?" (Eine der Lieblingsfragen, die ich gleich mehrfach täglich hörte. Aus den Fragen sprach die Angst der Kinder und Jugendlichen.

Was würden die wohl sagen, wenn irgendjemand daher käme und ihre Kinder zwingen würde, ihre Sachen zu packen und in Zukunft woanders zu leben?

S., damals zwölf Jahre alt

Die Kinder, die wir weiter zu betreuen hatten, schienen ebenso überrascht wie wir und mit der Situation überfordert.
Nachdem einige Kinder nach Hause entlassen worden waren, einige nicht mit uns, sondern in andere Einrichtungen zogen oder uns aus anderen Gründen vor der Zeit verließen, wurden zwei der drei noch bestehenden Kindergruppen zusammengelegt. Beide Gruppen zeigten starke Abgrenzungstendenzen und großen Widerstand, sich fortan als *eine* Gruppe zu verstehen. Besorgnis erregend war, dass kaum ein Kind oder Jugendlicher bereit schien, mit uns über die Situation und die damit verbundenen Ängste zu sprechen. Blieb zu hoffen, dass sie untereinander Kontakt fanden. Es war ihnen nicht zu verdenken, dass sie uns nicht länger vertrauen konnten, so verunsichert waren sie. Die eine Gruppe zu zwingen, in die Räume der anderen zu ziehen und ihre eigene Gruppe aufzugeben, das hatte es noch nie gegeben. Ebenso wenig, wie seinen eigenen Raum mit „Eindringlingen" teilen zu müssen.
Alle waren ziemlich aus dem Tritt geraten. Welche Regeln galten? Wer hatte das Sagen? Die Situation war, wenn man es vorsichtig ausdrücken will: gespannt und drohte, zu eskalieren.
Die Reaktion der Kinder und Jugendlichen brachte zwar momentan Probleme, war aber eine, die dafür sprach, dass zwei gut funktionierende Gruppen aufeinander trafen, die zwar erst mal wenig Bereitschaft zeigten, ihre „Kultur" preiszugeben, zu teilen, oder gar zu ersetzen, aber allem Anschein nach viel Potential hatte. Wer derart rebellierte, hatte auch Kraft. Wir wollten diese positiv besetzte Identität nutzen, nicht zerstören. Beide Gruppen sollten voneinander lernen, niemand sein Gesicht verlieren. Behutsamkeit war gefragt. Derweil kristallisierten sich zwei Subsysteme unter den Kindern heraus: Die Optimisten und die Pessimisten.
Ihre Positionen waren deutlich: Die einen glaubten an die Gründung eines neuen Kinderheimes, die anderen hielten dies für ausgeschlossen. Umso wichtiger, dass wir alsbald Klarheit schaffen würden.

Unsere konzeptionellen Überlegungen basierten auf Erfahrungen, die wir gemacht hatten, unseren Vorstellungen, die wir verwirklichen wollten und der Erkenntnis, dass die Entwicklung einzelner Kinder und Jugendlicher immer auch etwas mit der Entwicklung der Gruppe, in der sie lebten, zu tun hatten.
Wir erkannten unseren Vorteil: Wir kamen aus der Praxis. Was für eine Chance! Die Gelegenheit zu haben, ein Konzept zu erstellen, das bedarfsorientiert und nicht „vom Schreibtisch aus" gemacht war, schien uns sehr verführerisch. Gleichzeitig aber lag damit auch auf der Hand, wie groß unsere Verantwortung war.
Es gab, wie für Pädagogen üblich, eine Unmenge zu besprechen, immer wieder auch Dinge, die die Kinder nicht interessierten.

Kamir, damals 16 sagt dazu:

> Mir war es grad Recht, dass die Erwachsenen so viel zu bereden hatten, weil uns niemand beim Fernsehen gestört hat und wir heimlich Pudding gekocht haben und das niemand gemerkt hat.

Wir ließen die Jugendlichen in dem Glauben, wenig von ihnen mitzubekommen, solange sich ihre „Verstöße" im Rahmen hielten und über den heimlichen Konsum jugendfreier Fernsehfilme und unerlaubterweise gekochten Puddings nicht hinausgingen. Tatsächlich hatten wir zu wenig Raum und Energie, um uns jedem sich bietendem Kampf mit ihnen zu stellen.
Oftmals aber wurden die Kinder in abendlichen „Gruppenbesprechungen" einbezogen – ein effektives Instrumentarium, die Gruppe zu führen, Identifikationsmodelle anzubieten, Impulse zu setzen und Streitigkeiten zu schlichten.
Die Erwachsenen fassten mehr und mehr Vertrauen in die Situation, was für viele der Kinder aber noch immer eine echte Herausforderung war.
Die meisten Kinder und Jugendlichen, die bei uns lebten, hatten eine Menge Beziehungsabbrüche hinter sich, an deren Folgen sie noch immer litten. Viele waren davon überzeugt, auch diesmal wieder alles zu verlieren.

Eine Jugendliche drückte ihre Verfassung im Oktober 1996 so aus:

> Wann immer wir irgendwo raus mussten, ist es schlimmer geworden.
> Immer habe ich meine Freunde verloren und war plötzlich irgendwo,
> wo uns keiner kannte und ich mich nicht zurecht gefunden habe.
> Wer sagt mir, dass es diesmal nicht genauso wird?

Das Haus hatte sich zwischenzeitlich regelrecht in eine Gerüchteküche verwandelt. Während einige Kinder, Jugendliche (aber auch Mitarbeiterinnen und Mitarbeiter anderer Gruppen) kräftig darin mitkochten, gab es auch solche, die sich völlig entzogen. Zu den Optimisten und Pessimisten hatten sich also die Flüchter gesellt. Zu ihnen gehörte Jutta, die später erzählte:

Ich wollte mit all dem Scheiß nichts zu tun haben und hatte Angst. Nach Hause konnte ich nicht, weil meine Mutter, trotz aller Versprechungen immer noch soff, Verwandte gab es keine, mein Vater war irgendwo. Ich schlief kaum und wenn, träumte ich schlecht. Mein Gefühl war wieder einmal, nichts an meiner Situation ändern zu können - also habe ich mich einfach tot gestellt.

Jedes Kind schien seinen eigenen Weg durch diese Zeit zu beschreiten. So unterschiedlich die Charaktere, so unterschiedlich die Reaktionen.
Aggressionen, die sich gegen einen „äußeren" Feind zu richten schienen, der aber unentdeckt im Hintergrund blieb, wurden im Zusammenleben mit den anderen Jugendlichen ausagiert.

Hinzu kamen die Panikmacher, die nicht müde wurden, vom „Untergang der Menschheit" zu berichten und, allen Lösungsversprechen zum Trotz, stets das Gegenteil behaupteten.
Die beschützenden Strukturen schienen sich aufzulösen, Angst breitete sich aus und der Umgangston wurde schroffer. Das Gruppenklima in dieser Zeit: aggressiv und angriffslustig, dahinter, wie so oft, viel Trauer. Exemplarisch dafür eine Notiz, die ich eines Morgens auf meinem Schreibtisch fand:

Was soll der ganze Scheißdreck? Glaubst du, dass dich einer ernst nimmt? Du nervst! Ein eigenes Heim, dass ich nicht lache! Was laberst du? Machst uns Versprechungen und dann fallen wir alle auf die Schnauze!

Die Jugendlichen fanden Wege, ihrem Ärger Luft zu machen, die jüngeren Kinder der Gruppe suchten Halt, oft genug indem sie klammerten. Das eine wie das andere anstrengend, wenn man viel zu organisieren hat.
Wir wussten, dass wir einen Rahmen schaffen mussten, in dem genügend Raum war, sich austauschen zu können. Unsere gemeinsamen Mahlzeiten boten immer wieder die Gelegenheit, gemeinsam diskutieren zu können und lösten sich oftmals erst am späteren Abend wieder auf.
Die Auseinandersetzung mit den Kindern und Jugendlichen war beflügelnd, und der Sturm legte sich

ganz allmählich. Wir gaben unseren „natürlichen Feinden", den neuen Gruppenmitgliedern, die uns und ihr neues „Zuhause" ablehnten, konkrete und wichtige Aufgaben und machten sie damit zu unseren Verbündeten. Ein Jugendlicher, der den Umzug nicht mehr mitmachen sollte, da er kurz vor der Entlassung stand, sprach es dann aus: „Ihr habt nur eine Chance, wenn ihr alle zusammenhaltet. Solange ihr euch gegenseitig Knüppel zwischen die Beine werft, freuen sich nur die da draußen..." Er meinte unsere Gegner, die teilweise im eigenen Kollegium saßen und uns den Schritt in die Selbständigkeit nicht zutrauten und die keinerlei Bereitschaft zeigten, uns zu unterstützen.
Damals haben wir viel über „Heimerziehung" gelernt.

Wie sehr sich ein Feuer der Begeisterung entzünden kann, wenn man selbst für seine Idee brennt... habe ich niemals so eindrücklich erlebt, wie in dieser Zeit. Nicht, dass ich keine Torschlusspanik gehabt hätte, aber je weiter wir in der Planung voranschritten, desto unmöglicher war es, noch umzukehren, und desto ungeschickter wäre es gewesen, von den eigenen schlaflosen Nächten zu erzählen.
Insbesondere die Suche nach einer geeigneten Liegenschaft stieß auf besondere Schwierigkeiten. Die Kinder träumten von einem eigenen Bolzplatz hinter dem Haus, einem großen Garten, in dem unser eigenes Pferd (oder war es ein Einhorn?) stehen würde, und einem Swimmingpool im Keller. Ein Makler bot schließlich eine Villa an: „Zwei Millionen, haben Sie die?"
Dass wir doch noch zu einem Haus kamen, hatte damit zu tun, dass die Verantwortlichen des Jugendamtes uns mit einem anderen Jugendhilfeträger, der sein Haus aufgeben musste, ins Gespräch brachten.
Als ich am 26. März 1997 den Mietvertrag unterschrieben hatte, glaubten mir die Kinder erst, als ich ihn persönlich zur Ansicht vorlegte, ich sie zusammen mit meinen Kolleginnen in die Autos packte und zu einer ersten Besichtigung nach Preungesheim fuhr.
Was wir wussten war, die Liegenschaft würde zu klein sein, die Kinder würden zusammenrücken müssen, wir aber waren ganz aus dem Häuschen und fuhren nach Feierabend hin, um zu renovieren und nahmen die Kinder mit, die nur glauben konnten, was sie sahen.
Meine Frau erschien uns geeignet, die beiden Zementbodenschwellen zu gießen, die zwischen dem Flur und einem der Zimmer gebraucht wurden. Keiner von uns traute sich eine solche Arbeit zu.
Wir hatten nur Pädagogik studiert, sie hatte immerhin jahrelang als Innenarchitektin gearbeitet. (Ein Umstand, von dem wir bis heute profitieren, der sie aber nicht automatisch befähigte, derartige Arbeiten auch zu können. Entsprechend stolz war sie, dass sie es schaffte.) Mit allem, was gelang, jedem Schritt, der uns voran brachte, wurden wir ein wenig glücklicher.

Ich war für gröbere Arbeiten vorgesehen und dufte den stillgelegten Kamin, der zwei der Zimmer miteinander verband und außer Betrieb genommen war, mit einem Vorschlaghammer einreißen.

„Was tun wir mit dem riesigen Loch, das jetzt da ist?“, wollte ich am Abend wissen. Das Loch war größer geworden als gedacht und so traf ich, was nicht hilfreich war, auf fragende Gesichter, die nur eine Antwort zuließen: „Am besten, ich mauere es wieder zu.“ Die einzige Mauer, die ich je gemauert hatte, war eine in einem Legohaus, aber gemeinsam waren wir stark. Auch das bekamen wir hin, (soweit ich mich erinnere, half mir jemand). An dieser Stelle: Vielen Dank! Wir hatten Freunde, von denen sich einige als wahre Heimwerker entpuppten.
Die Teppichböden, die wir „über Beziehungen“ preiswert bekamen, ließen sich ganz gut verlegen, der blaue Laminatboden fürs Wohnzimmer aber brauchte zuvor eine Schüttung, um die Bodenvertiefungen auszugleichen. (Was immer das war, wir wollten es gar nicht in Erfahrung bringen und beschlossen, privat niemals ein altes Haus zu kaufen.)

Ich weiß noch, wie eine der ErzieherInnen das Radio anhatte und auf der Leiter stand, während ich auf Händen und Knien umherkroch und Fußleisten abklebte. Dabei grölte ich die Lieder mit. Die Treppe wurde in einem echt schönen Blau gestrichen. Alles harte Arbeit, aber nicht so sehr, dass es keinen Spaß gemacht hätte. Dies sollte schließlich auch mein neues Zuhause werden und so machte es mir Spaß daran teilzuhaben, alles zu verschönern.

Yassi, damals 14 Jahre alt

Wo immer wir anfingen, tat sich neue Arbeit mit neuen Unwägbarkeiten auf. Die Dame im Baumarkt, die uns mittlerweile ins Herz geschlossen hatte, half uns geduldig, und wir lernten: wenn uns jemand nicht helfen wollte, mussten wir nur in einem Nebensatz fallen lassen, dass wir gerade dabei waren, ein Kinderheim zu gründen und unbedingt vor Wintereinbruch fertig werden mussten, damit wir nicht mit unseren Schutzbefohlenen im Freien würden schlafen müssen. Gut, letzteres ist übertrieben, aber so in der Art lief das.
Wir mussten auf einer Menge Hochzeiten tanzen, und nachts lag wahrscheinlich nicht nur ich wach und überlegte, was wir alles über Tag noch nicht erledigt, was vergessen hatten.
Komplizierter konnte es nicht mehr werden: Wir betreuten unsere Kinder und Jugendlichen, erbrach-

ten die Arbeiten, die wir für die Betriebserlaubnis brauchten und gingen an unseren freien Tagen, den Wochenenden oder irgendwann, wenn es sich anbot, auf die Baustelle. „Alles im Griff", sagten wir uns gegenseitig so oft, bis wir selbst bereit waren, es zu glauben.

Aber es wurde noch komplizierter, was mit Tinka, unserer Ältesten, die ausziehen und sich (ohne uns) selbständig machen wollte, zusammenhing:

> In dieser Zeit habe ich kapiert, dass mir selbst die Kinder etwas bedeutet haben, die mich sonst so schnell auf die Palme bringen konnten. Obwohl ich wusste, dass ich in meine eigene Wohnung wechseln würde, habe ich mich gesorgt. Und wenn ich ehrlich bin: Ich hatte Abschiedsschmerz und Angst. Zukünftig würde ich meinen eigenen Haushalt auf die Reihe kriegen müssen, niemand würde mehr da sein, wenn ich nach Hause käme, kein Trost, wenn was schief gelaufen war, kein Mittagessen auf dem Tisch - und dann die Katastrophe: Ich war schwanger!

Heime sind sehr chaotische Systeme. Immer wenn man glaubt, alles läuft in geordneten Bahnen, passiert etwas Unvorhergesehenes …
Für uns war klar, wir würden unsere Älteste in ihrer Situation nicht alleine lassen und beschlossen, eine Lösung zu finden. Wir hatten (wenn auch in einem zweiten Planungsschritt) ohnehin vor, unser Angebot auf Jugendliche in eigenem Wohnraum auszuweiten, warum also nicht gleich? „Alles ein Aufwasch!", sagten wir uns.
Für solche Fälle gebe es Mutter-Kind-Einrichtungen, bemerkte die zuständige Sozialarbeiterin. Da sei eine junge werdende Mutter besser aufgehoben. Auszuschließen war das nicht, aber wir sahen, dass Tinka dazu nicht bereit war und sich auf ihre eigene Wohnung freute. Also würden wir sie entweder alleine lassen, oder sie in ihrer Entscheidung unterstützen müssen.
Hilfreich bei der Argumentation war, dass ich bereits viele Jahre im Mutter-Kind-Bereich gearbeitet hatte, so dass wir letztlich unser Konzept auf acht Heimplätze und drei Plätze im Betreuten Wohnen auslegten. (Ein Platz im Betreuten Wohnen mache keinen Sinn, ließ man aus Reihen des Jugendamtes verlauten, und sie sollten Recht behalten.)
Und weil wir gerade dabei waren und nun wussten, wie es ging, fiel die Entscheidung, gleich einen dritten Bereich anzuschließen: eine Praxis für systemische Familientherapie.

Da uns mittlerweile ohnehin alle mit skeptischem Blick verfolgten, änderte dies auch nichts Grundsätzliches mehr. Ich musste nur die Sekretärin unseres Ausbildungsinstitutes überzeugen, etwas zügiger meine Pflichtseminare absolvieren zu dürfen, denn unsere Praxis brauchte einen ausgebildeten Therapeuten, unser Träger eine systemische Ausrichtung und unsere „Heimkinder" einen Leiter, der vor Ort sein würde und sich nicht auf Seminaren herumtrieb. Sie war zu überzeugen. Die „Heimkinder" zogen auch hier, und sie unterstützte mich wohlwollend.

Die Verhandlungen mit der Grundsatzabteilung verliefen im Gegensatz dazu schleppend, waren nervenaufreibend und die Auflagen des Brandschutzes, der Heimaufsicht und des Gesundheitsamtes alles andere als leicht zu erfüllen.
Wo sollten wir eine dritte Dusche einbauen lassen?
Die Toilette unter dem Dach bekam eine Duschkabine für „kleine Menschen." Unsere Jugendlichen, die gar nicht daran dachten, ihr Körperwachstum nur wegen einer Dachschräge einzustellen, mussten, um aufrecht stehend duschen zu können, das Dachfenster öffnen, um ihren Kopf hinausstrecken zu können. (In den kalten Jahreszeiten blieb ihnen immerhin, kniend zu duschen.)
Das Gesundheitsamt wollte ungeachtet des federnden Untergrunds eine geflieste Küche. Wir stellten uns darauf ein, dass wir zukünftig Risse in unserem weißen Fliesenboden haben würden und beschlossen, uns darüber nicht aufzuregen, sondern diese, wenn es soweit sein würde, schön zu finden. Nur, dass keine(r) von uns Fliesen verlegen konnte. Glücklicherweise gab es Freunde, die wiederum wen kannten, der so etwas beherrschte und dazu am Wochenende nichts lieber tat, als sich für ein Kinderheim ins Zeug zu legen. Wo immer sich also ein Problem auftat, hatte irgendjemand von uns auch eine Lösung.

Der Brandschutz allerdings war ein Kapitel für sich.
Kurz vor dem geplanten Umzug kam die Idee auf, nicht nur die Treppe verkleiden sondern auch den gesamten Treppenraum abmauern zu lassen. Wer unser Haus kennt, weiß, dass in diesem Fall keine Menschen mit größerem Körperumfang jemals in den Genuss des Treppensteigens hätten kommen können …
… ich würde zukünftig also nur vom Vorgarten aus mit den Kindern sprechen können. Dass dies nicht sinnvoll sein würde, sah schließlich auch der Beamte der Brandschutzdirektion ein und „einigte" sich mit mir auf T-30 Türen vor jedem Zimmer. Meine Fassungslosigkeit war groß, interessierte aber ebenso wenig wie der Hinweis, dass kleine Kinder die schweren Türen gar nicht aufbekommen würden und es zudem nicht schön aussehe, graue Metalltüren vor jedem Kinderzimmer zu haben. Der Schutz vor Bränden war natürlich auch uns wichtig, und so sind wir vielleicht (ich habe das nicht überprüft) das weltweit einzige Kinderheim, dass vor jedem Kinderzimmer eine T-30 Tür hat. (Immerhin haben wir welche aus Holz gefunden, und es hat sich später als Vorteil herausgestellt, dass die kleinen

Quälgeister, die ja bekanntermaßen sehr laute Stimmen haben können und in der Regel Unordnung machen, die Türen nicht so ohne weiteres öffnen konnten …) Bevor sich Bürgerinitiativen zur Rettung der uns Anvertrauten gründen: Letzteres war wieder einer meiner schlechten Witze. Glücklicherweise lässt sich der Widerstand der selbstschließenden Türen einstellen, so dass die Kinder mehr oder weniger leicht die Zimmer verlassen können. Die dreijährigen, zarten Mädchen, die dies tatsächlich manchmal nicht ganz ohne Probleme geschafft haben, meldeten wir bei Aufnahme umgehend zum Training in der benachbarten Turngemeinde an …

Ich komme aus einer Zeit, in der Konzeptionen noch auf Matrize geschrieben und zwecks Verschönerung mit symbolträchtigen Bäumen verziert wurden.
1997 aber hatte man sich davon bereits verabschiedet und ich war sehr dankbar dafür. Heute gab es Leistungsbeschreibungen, die ich bald Beschreibungsleistung nennen sollte. Hier stellten wir nicht nur dar, dass wir Kinder betreuten, sondern insbesondere wie wir dies im Einzelnen zu tun vorhatten. Ich saß im Esszimmer unserer Gruppe und fragte die Kinder, mit welchen Mitteln und Methoden ich ihnen gegenüber Beziehungsarbeit leistete und wieviel Zeit ich ihrer Meinung nach darauf täglich/wöchentlich und monatlich verwendete. Ihre Kommentare, so viel sei verraten, waren nicht hilfreich. Ich musste diese Arbeit mehr oder weniger alleine leisten, weil auch meine Kolleginnen „anderes zu tun hatten, als sich geschwollen klingende Formulierungen aus den Rippen zu leiern" und sich bei der Mitarbeit mehr oder weniger verweigerten. Das Zeitalter der Standardisierung hatte auch in der Jugendhilfe Einzug gehalten, und bis heute hadere ich immer wieder damit, weil dadurch nicht alles besser geworden ist. Wer einen Jugendhilfeträger gründen will, muss sich mit den Gegebenheiten auseinandersetzen, und schon damals kristallisierte sich vorsichtig heraus, was bis heute Realität ist: Es gab Arbeiten, die keiner freiwillig erledigen wollte, die aber dennoch wichtig waren. Es machte durchaus Sinn, sich konkret über das, was wir vorhatten zu tun, Gedanken zu machen und festzuhalten, welche Zielsetzung wir damit verfolgten. Es war notwendig zu beschreiben, was pädagogische Mitarbeiterinnen *konkret* taten, nur konnten wir uns unmöglich festlegen, wie oft wir *regelhaft*, (im Vergleich zu nicht regelhaften Ausnahmefällen) etwas erbrachten und wie lange Zeit wir dazu brauchen würden.
Es war möglich, als Zielsetzung die *Befähigung sozial verträglicher Tischmanieren* zu benennen, kompliziert aber wurde es, Unterziele und Methoden, wie wir selbige zu erreichen gedachten, zu beschreiben. Durch die Verwendung von kindgerechtem Besteck? Durch freundliche Ansprache und, falls erforderlich, energische Korrektur?
Ich beschrieb die Größe unseres Hauses, die der einzelnen Zimmer, die hierfür vorgesehene Nutzung, unsere methodischen Ansätze, den zeitlichen Aufwand. Warum sollten wir darüber hinaus auch noch die Ausstattung jedes einzelnen Zimmers erwähnen. Ergab sich so etwas nicht automatisch? Heim-

kinder schliefen in einem Bett. Ein Bett hatte eine Matratze, ein Kopfkissen und ein Federbett. Für die Kleidung stellten wir einen Kleiderschrank zur Verfügung und zum Erledigen der Hausaufgaben saßen die Kinder am Tisch, den wir *regelhaft* vorhielten, selbst dann, wenn die Kinder lieber in der Küche bei der Erzieherin oder auf dem Fußboden saßen.
Was immer wir in diesem Haus tun wollten, musste aufs Papier. Ausschließlich auf der Grundlage der formulierten Inhalte und Bedarfe wurde schließlich auch übers Geld verhandelt. Was ich konzeptionell zu erwähnen vergessen würde, konnte ich anschließend, was die finanziellen Mittel anbelangte, auch nicht verhandeln. Das war neu.
Der Pädagoge in mir erinnerte sich an den Schulverweigerer, der ich früher einmal gewesen bin. Ich hatte schlichtweg keine Lust, meine Zeit damit zuzubringen, Dinge zu formulieren, die für uns alle selbstverständlich waren.
Der graue Alltag hatte mich eingeholt und die bunte Farbenpracht meiner kreativen Ideen im Handumdrehen zunichte gemacht. So hatte ich mir das nicht vorgestellt.
War es nicht selbsterklärend, dass man bei acht Kindern und Jugendlichen ständig waschen musste? Dass wir den Kindern und Jugendlichen bei den Hausaufgaben halfen, hatte bislang noch niemand interessiert. Das war nun anders. Alles war von Interesse.

Nicht zu vergessen, wir hatten nun bereits zwei Leistungsbereiche: Das Kinderheim und das Betreute Wohnen. Also mussten auch zwei ausführliche Konzepte *(Leistungsvereinbarungen)* mit *Entgeltvereinbarungen* und dazugehöriger *Qualitätsentwicklungsvereinbarung* erstellt und verhandelt werden. Das „Dreigestirn" der *Existenzgrundlage*, das mir anfangs fast den Verstand raubte.

Damit nicht genug: Wenn wir übergreifend unser Praxisangebot nutzen wollten, und das wollten wir unbedingt, musste dieses ebenfalls verankert werden und der anschließenden Plausibilitätsprüfung standhalten. Man vertrat die einhellige Meinung, die Kinder und Jugendlichen lieber bei niedergelassenen Psychologen oder in der Kinder- und Jugendpsychiatrie anzubinden, anstelle weitere Kosten zu verursachen. Verständlich. Wir aber hatten die Erfahrung gemacht, dass es in der Vergangenheit nur selten zu einer guten Zusammenarbeit gekommen war und es zudem kaum Beratungs- und Therapieplätze gab, schon gar nicht, wenn man sie dringend brauchte.
Was nützten uns Praxen, in denen wir wohlwollend von resoluten Sprechstundenhilfen vertröstet und abgewimmelt oder auf eine Warteliste verbannt wurden?
Jugendliche, deren Entwicklung plötzlich schwierig geworden war, wurden oft genug von der einen in die andere Einrichtung verlegt, anstelle zusätzliche Hilfen zu installieren. Mit unserem Praxisangebot wollten wir aus diesem „Jugendhilfe-Karussell" aussteigen.
In zähen Verhandlungen gelang es uns, eine zunächst zeitlich befristete Regelung durchzusetzen,

vermutlich auch deshalb, weil alle nervlich doch ziemlich angeschlagen waren.
(Heute ist das mit den Leistungsbereichen verzahnte therapeutische Angebot eines unserer Qualitätsmerkmale, die immer wieder dazu führen, angefragt und belegt zu werden.) Wir haben die Lücke gefunden: Nicht so teuer wie intensiv betreute oder therapeutische Heimplätze, dennoch mit solidem therapeutischen Hilfsangebot.

Durch das Labyrinth formeller Anforderungen, das sich einem Pädagogen im günstigsten Fall erst auf den zweiten Blick erschließt, kam ich mit Hilfe eines von uns engagierten Beraters, der uns hilfreich bei der ersten Verhandlung zur Hand ging und wichtige Ratschläge bei der Kalkulation unserer Pflegesätze gab. Ich lernte: Vieles von dem, was ich zukünftig zu tun hatte, würde mir persönlich wenig bis gar keinen Spaß bereiten. Schlecht gelaunt wurde ich erwachsen und erkannte, dass ich mich aus meiner Basisarbeit mit den Kindern und Jugendlichen verabschieden und zwangsläufig hinter einem Schreibtisch landen würde.

Seitens der Stadt hatten wir wertvolle Starthilfe erhalten. Sie übernahm die Umzugskosten, und die Kosten für Neuanschaffungen und Renovierungsarbeiten waren ebenfalls im Rahmen geblieben. Alle hätten zufrieden sein können.
Auch die Bank …
… die versprochen hatte, uns zur Seite zu stehen. Als ausgerechnet die im letzten Moment „kalte Füße" bekam und die Finanzierung unseres Projektes ablehnte, geriet die allgemeine Gelassenheit dann doch geringfügig in Schräglage.
Auf zwei Beinen steht es sich besser. (Noch ein Sprichwort, das mich von jeher begleitet hat.) Gut, dass wir bei aller Risikobereitschaft mit zwei Banken gleichzeitig die Verhandlung aufgenommen hatten.
Dass wir schließlich doch noch kooperativ und kompetent unterstützt wurden, lag wohl daran, dass sich der Finanzberater des zweiten Geldinstituts unsere Kalkulationstabellen auch angesehen hatte und nun wusste, dass es so gut wie kein Risiko gab.
Welches Unternehmen startet bei seiner Gründung bereits mit voller Auslastung bei Minimierung des ursprünglich veranschlagten Investitions-Volumens?

Nachdem wir auch diese Hürde genommen hatten, alle Formalitäten abgearbeitet, alle Behörden zufrieden gestellt waren und selbst die Renovierungsarbeiten punktgenau fertig geworden waren, brachen die letzten Tage im Bürgermeister-Gräf-Haus an.

Ein Haus, das abgerissen werden sollte.

Was lag näher, als zum Abschluss das zu tun, was immer verboten gewesen ist? Scheiben einschlagen, Wände bemalen, Dinge, die nun nicht mehr gebraucht wurden, zerstören.
Das war die eine Alternative. Wir boten eine andere an und wollten diesen letzten Abschnitt in *unserem* Haus anders gestalten. Ein Haus, das so vielen Kindern und Jugendlichen ein Zuhause gewesen ist, hatte einen anderen Abschied verdient. Einen achtsamen und würdevollen.
Es war nicht zwangsläufig so, dass sich Altbewährtes disqualifizierte, sobald etwas Neues auftauchte. Bei allen baulichen, strukturellen und konzeptionellen Nachteilen, die das Haus hatte, wir alle liebten es und würden es vermissen. Wir wollten keine Trümmer hinterlassen.
Nicht alle gewachsenen Strukturen waren veraltet. Vieles, das zur liebenswerten Gewohnheit geworden war, würde es in einem deutlich kleineren Haus nicht mehr geben. Allein die Tatsache, dass es zukünftig keine weiteren Gruppen mehr in unmittelbarer Nachbarschaft geben würde, müsste eine große Veränderung bedeuten. Keine Beschwerden mehr, die andere Gruppe sei viel besser, die ErzieherInnen netter und das Essen schmackhafter, keine Treffen mehr mit anderen Jugendlichen aus dem Haus. Kein Gute-Nacht-Kaffee mit der Kollegin, wenn alle Kinder endlich ins Bett geschafft worden waren.

Plötzlich war er da, der Abschiedsschmerz, und kam für viele der Kinder und Jugendlichen, aber auch für uns, heftiger als gedacht. In einer Gruppenbesprechung kurz vor dem Umzug, sprachen wir darüber, was jedem einzelnen in all den Jahren bedeutsam gewesen ist. Was war das Besondere der Atmosphäre?
Was dann geschah, bewegte die Kinder ebenso wie mich: Die Nacht vor dem Umzug, wir saßen schon auf gepackten Sachen, wurde eine lange: Meine letzte Nachtbereitschaft, die ich, trotz Angeboten meiner Kolleginnen, mich zu entlasten, unbedingt selbst machen wollte. (Vielleicht fühlte ich mich ein bisschen wie ein Kapitän, der selbst als letzter vom Schiff geht.)
Wir wollten uns Zeit nehmen, hatten uns mit Süßigkeiten eingedeckt. Jeder erzählte und dabei zogen wir durchs Haus, zu den Orten und Plätzen, die zu den jeweiligen Geschichten gehörten und von denen wir uns verabschieden wollten.

Der Fitness-Raum im Keller ist für mich der wichtigste Raum gewesen. Hier konnte ich auch mal in Ruhe mit Leuten reden. Manchmal haben die Mädchen dort getanzt, ohne dass die Jungen gleich blöde Bemerkungen gemacht haben. Hier haben wir manchmal auch heimlich geraucht, und hier habe ich das erste Mal einen Jungen geküsst.

Ich erinnere mich: Der Fitness-Raum war ein stets vernachlässigter Raum. Lieblos eingerichtet mit Geräten, die nicht besonders gut funktionierten. Vielleicht hätten wir dort mehr investieren sollen, vielleicht aber hätten wir ihn gerade dadurch auch zerstört.

> Die Küche. Wenn ich aus der Schule kam, habe ich mich auf die Eckbank gesetzt und ich habe erzählt. Robert hat mir oft dazu einen Kaffee gekocht. Das fand ich toll. Die anderen Erzieherinnen haben auch zugehört, aber keinen Kaffee gekocht. Wahrscheinlich, weil sie nicht so viel Kaffee getrunken haben, wie Robert.

Vieles von dem, was gesagt wurde, überraschte mich. Kleinigkeiten, die für einzelne wichtiger waren, als ich es je für möglich gehalten hätte.

> Ich war gerne hier im Heim. Speziell in meinem Zimmer. Ich konnte von meinem Zimmer immer alles mitkriegen, was auf der Straße und im Hof los war und die Eingangshalle mit dem Telefon, und aussteigen konnte man auch ziemlich gut. Hat aber zum Gluck niemand von den Erwachsenen bemerkt.

Unsere Gruppe befand sich im Erdgeschoss. Man konnte gut aus- und einsteigen, wenn eines der Fenster offen stand. Manchmal war es wichtig, nicht alles zu sanktionieren. Es reichte manchmal die kleine Freiheit einer heimlich nachts draußen im Vorgarten gerauchten Zigarette, damit sich die Jugendlichen wieder gut fühlten.

Was an diesem Abend auch klar wurde: Wir bekamen mehr mit, als die Kinder ahnten. Wer den Rahmen nicht wahrte, sondern Gefahr lief, sich zu gefährden, bekam dies dann auch ziemlich schnell mit. Aber uns war klar: Viele der Kinder und Jugendlichen waren angespannt, und da das Chaos größer wurde, ließen wir sicherlich ein paar Dinge mehr durchgehen. Wahrscheinlich verzichteten wir in dieser Zeit auch auf ein paar der unsäglichen Grabenkämpfe, um unsere Energie auf das Wesentliche zu konzentrieren.

Und dennoch: Vieles hatte sich im Verborgenen abgespielt und ich glaube, es war auch gut, dass wir nicht alles wussten.

Mir hat das Haus oft Angst gemacht. Es war groß und dunkel. Ich habe mich lange geweigert, ohne Licht zu schlafen. Das Wohnzimmer war mein Lieblingsraum. Die alten Möbel waren zwar unmodern und irgendwie uncool, haben mich aber an meine Oma erinnert. Bei der habe ich gelebt, bis sie dann gestorben ist. Da standen, als ich aus der Schule kam, meine Sozialarbeiterin und noch irgendwer vor der Tür und ich musste hierher. Da war ich elf. Meine Oma hat mir sehr gefehlt. Abends habe ich ihr in meinem Zimmer laut erzählt, was ich erlebt habe, das fanden die anderen Kinder sonderbar.
Bald kam ich zurecht. Unseren Hof fand ich toll. Da war immer was los! Und die Küche, weil wir da immer Kakao getrunken haben. Wir haben dann eine Oma-Gedenktafel gebastelt. Die hing in meinem Zimmer. Das hat mir geholfen.

Die Küche schien für viele das Zentrum gewesen zu sein. Auch Jutta, damals 15 Jahre, stellte das fest.

Ich hab mir da noch nie so Gedanken drüber gemacht, und ich hab immer nur gedacht: Endlich raus aus diesem „fucking Stall" und dann hab ich gemerkt, dass ich so durchs Haus gelaufen bin und alles angucke und mir dann die Frage gestellt habe: ist das jetzt wichtig oder kannste das vergessen? Und in der Küche habe ich dann plötzlich rumgeheult und wusste gar nicht warum. Sie haben mich nie ausgelacht wegen so was. Die Küche habe ich dann echt lange vermisst. Dabei war sie so alt und sah genau so aus, wie die Küche im Zoo ...

Das stimmte. Und es hat uns belustigt. Die Stadt Frankfurt hatte wahrscheinlich ihre Küchenmöbel und Bodenfliesen damals im großen Stil eingekauft. Ich erinnere mich, dass die Kinder das lustig fanden und sich mit den Affen und Nilpferden (die hatten in ihrem Gehege die gleichen Wandfliesen wie wir in unseren Badezimmern) sehr verbunden fühlten und sich mit ihnen verglichen haben. Immerhin stellten sie übereinkommend fest, „besser dran zu sein." Das war tröstlich.

Es hatte sich eingebürgert, dass wir abends zusammensaßen und miteinander redeten. Oftmals blieb sogar der Fernseher aus. Bei allem, was uns aufwühlte und verunsicherte: Es war eine schöne Zeit, weil sich alle näher kamen.

Was denn wichtig gewesen sei, wollten wir anderen wissen. Der abscheuliche Gummibaum in der Eingangshalle, wie wir erstaunt feststellten, war wichtig. Warum der? Weil er so alt war und das Kommen und Gehen so vieler Kinder miterlebt hatte.
Und die lila Zimmertüren. Die auch? Mit einem Mal war ich versöhnt: Wir hatten uns darauf gefreut, dass, während wir in Ferienfreizeit waren, endlich renoviert wurde, aber der Hausmeister hatte nicht das Pflaumenblau, das wir ausgesucht hatten, gestrichen, sondern sich für das abscheulichste Lila entschieden, das ich jemals zuvor in einem Wohnbereich gesehen hatte … Ich litt unter dieser Farbe, ärgerte mich jedesmal, wenn ich bewusst wahrnahm, dass der ganze Flur aussah, wie die Verpackung einer bekannten Schokoladenmarke.
Die Zimmertüren also.

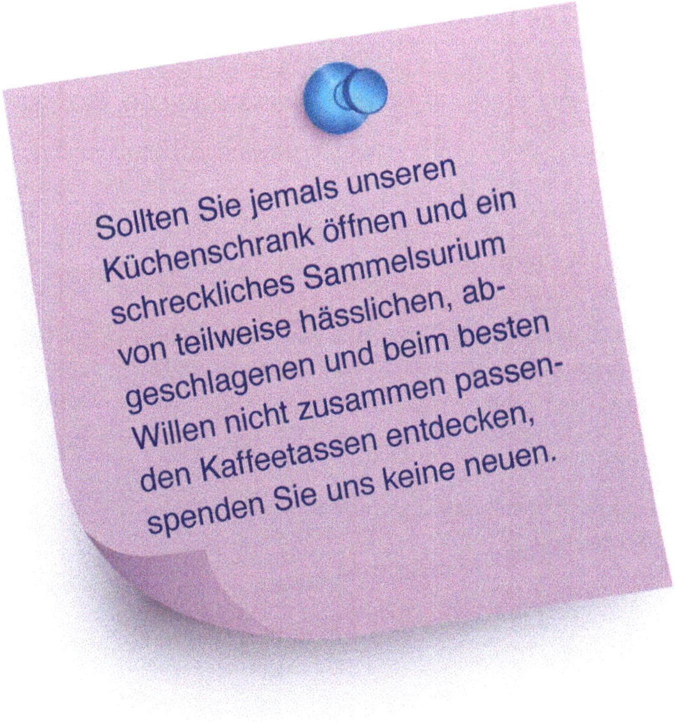

Von einem Mädchen erfuhren wir von ihrer ganz persönlichen Kaffeetasse. Die hatte sie von einer Erzieherin bekommen, die zwischenzeitlich, für uns alle schrecklich traurig, verstorben war und an die wir nun dachten. Auch das war Abschied. Sich von den Menschen verabschieden, die man nicht mitnehmen konnte.

Und plötzlich saßen sie da, jede/r mit Kaffeetasse und erzählten ihre eigene Geschichte dazu.

Auch in unserem Abschiedsritual wurde einmal mehr deutlich, dass auch die Kinder und Jugendlichen, die uns folgen würden, Mut brauchten.

Die Kinder aus der Nachbargruppe würden ohne ihre Erzieherinnen gehen, die sich entschieden hatten, uns nicht in die Unabhängigkeit zu folgen, sondern auf Nummer Sicher zu gehen und im städtischen Dienst zu bleiben. Niemand konnte ihnen einen Vorwurf machen.

Es war eine Menge, das wir alle aufgeben und zurücklassen mussten. Das Hochbett, das aufgrund seiner Altersschwäche kein weiteres Mal abzubauen war, die Rutsche, die über einen großen Hügel lief, den wir in unserem zukünftigen kleinen „Handtuchgarten" nicht mehr haben würden.

Wenn man so ins Haus geht, den Glasgang zum Beispiel und die Atmosphäre, die können wir nicht mitnehmen und auch die Seele nicht. Hat ein Haus eine Seele?

Eine der Fragen, die uns alle beschäftigte.
Ein intensiver Abend.
Viel Bewegendes, viel Persönliches und Vieles, das wir immer schon vermutet, nicht aber gewusst haben, wurde erzählt. Der Spaziergang dauerte Stunden bis in die Nacht hinein und gehört bis heute zu den wirklich unvergesslichen Erlebnissen meiner Berufstätigkeit. Um diesen Abend in dem geschützten Rahmen zu belassen, in dem er stattgefunden hat, haben wir bewusst darauf verzichtet, weitere Details preiszugeben.
Nur einer der vielen Beiträge soll noch erwähnt werden.
Eines der jüngeren Kinder bemerkte:

Die Esel können wir doch nicht einfach hier stehen lassen, was sollen die von uns denken?

Die Skulpturen, die über all die Jahre im Hof gestanden hatten … Ich hatte wahrhaftig anderes zu tun. Wie sollten wir diese Dinger aus Beton mitnehmen? Nein, die Viecher, lebensgroß, würden bleiben, wo sie sind und unter die Abrissbirne kommen …

Für die einen Esel, für die anderen Maultiere oder Pferde, irgend etwas dazwischen wird es sein, auf jeden Fall gehörten sie zum Bürgermeister-Gräf-Haus, wie nichts anderes. Ein Symbol für das, was wir zurücklassen würden, und bald bekam ich die Idee, sie müssten schon aus diesem Grund mit, nicht mehr aus dem Kopf.
Würde es eine Möglichkeit geben, zwei tonnenschwere Skulpturen quer durch Frankfurt zu transportieren? Nein, die gab es nicht - oder doch?
Meine Anfrage traf auf besorgte Blicke.
„Haben Sie keine anderen Probleme", fragte mich der mit der Abwicklung des Hauses beauftragte Beamte der Stadt. Die Skulpturen seien einbetoniert, wahrscheinlich metertief, nichts wert, hässlich … Man müsse sich auch mal von etwas trennen können. „Manche Dinge haben sich einfach überlebt." Man sprach mit sanfter Stimme, hielt mich wahrscheinlich für sentimental und hatte Recht damit. Doch, je mehr man auf mich einredete, desto unumstößlicher wurde der Entschluss: Die Viecher

mussten mit. Sie gehörten zu uns. So lange es das neue Haus geben sollte, würden sie uns daran erinnern, woher wir kamen …
Man versprach, über eine Lösung nachzudenken. Ich wusste, dass man hoffte, ich würde in all dem Trubel die Skulpturen einfach vergessen.

Zunächst einmal mussten wir uns tatsächlich um Wichtigeres kümmern:
Wir durften Mobiliar mitnehmen. Wie viele Zimmer es im Bürgermeister-Gräf-Haus gab, die teilweise unbewohnt, aber immer noch möbliert waren, kann wohl niemand mehr genau sagen. Wir wussten aber, dass es wesentlich leichter war, von einem kleinen in ein großes Haus zu ziehen als umgekehrt, und so wurde es eine logistische Herausforderung, nicht den Überblick zu verlieren.

Möbel aus allen möglichen Räumen wurden markiert und nummeriert. In den Zimmern unseres neuen Kinderheims wurden auf dem Boden mit Kreppband Umrisse für Schränke, Betten und Schreibtische angebracht, damit die Möbelpacker, die tags darauf kommen sollten, genau wussten, welches Möbelstück aus welchem Zimmer des alten Hauses in welchem Zimmer des neuen aufgebaut werden sollte.

Damit im Falle auftauchender Fragen schnell Antworten zu finden sein würden, hatten wir Listen angefertigt, in denen alle Möbelstücke nummeriert und Hinweise aufgeführt waren, wo diese sich im Haus befanden. Jedes Kind hatte eigene Umzugskartons, die mit den neuen Zimmernummern versehen waren und sortierte seine persönlichen Gegenstände hinein. Oft genug wurde die Mitnahme „überflüssigen Ballasts" verhandelt, und nachdem alles erledigt war, blieb nur noch die Befürchtung, etwas sehr Wesentliches sei in all dem Trubel in Vergessenheit geraten.

So wird es nie wieder, habe ich gesagt. Zu Beginn und auch in den späteren Jahren hat man mich immer wieder gern mit Einrichtungsaufgaben betraut. Als wir kurz vor dem Eintreffen der Kinder im frisch renovierten Kinderheim auf den blau lackierten Stufen saßen, hatte ich eine Vorahnung davon, dass es so geordnet nie wieder aussehen würde. In den nachfolgenden Jahren habe ich immer wieder in neu ausgestatteten und frisch renovierten Räumen gestanden und hätte eigentlich nichts dagegen gehabt, wenn es noch eine kleine Weile so hätte bleiben können. Aber das war natürlich nicht im Sinne des Erfinders, `die Kinder ließen sich nicht aufhalten, kamen und nahmen die Räume in Beschlag, spielten, arbeiteten, lebten dort, machten Unordnung und räumten auf, räumten Schränke ein und aus und schoben sie manchmal sogar in andere Zimmerecken. Bis zur nächsten Renovierungsaktion, ein ewiger Kreislauf. Bis heute, ist das so ...`

Elisabeth Wieding-Becker, stellvertretende Geschäftsführerin und Gründungsmitglied

Wir erinnern uns, wie wir alle auf der Treppe saßen und uns über die Ordnung im Haus freuten, und vor allen Dingen genossen wir die Ruhe und wussten, dass meine Frau recht hatte: So würde es niemals wieder sein. Vielleicht würden wir selbst einziehen können und die Kinder lassen, wo sie waren? Die Idee beflügelte uns – wir liefen überdreht durchs Haus, um uns „unsere Räume" auszusuchen – natürlich nur für einen kurzen kleinen Augenblick, denn im Grunde freuten wir uns auf die Kinder.

Am Morgen des 24.7.1997 warteten wir gespannt auf die Möbelpacker der Blauen Radler.
Um 8:00 Uhr morgens fuhren drei Siebeneinhalb-Tonner vor, und gleich 12 Männer standen schließlich zum Begrüßungskaffee in unserer Küche. Die Kinder brachen zu einem Ausflug auf und wurden so daran gehindert „zu helfen".

Ein paar Erklärungen für die Möbelpacker, dann ging's los!
Das, was zuerst in unserem neuen Zuhause aus dem Laster musste, durfte erst als letztes eingeladen werden. Jeder der drei Laster lud die Möbel einer der neuen Etagen. Aus diesem Grund wurden auch die Stockwerke im Kinderheim „An den 3 Steinen", wie die Möbel, die dort hin sollten, farblich gekennzeichnet. Gelb, Blau, Grün. Möbel mit rotem Punkt blieben, wo sie waren und würden nicht mit umziehen, sondern später entsorgt werden.
Nichts konnte schief gehen.

Und so war es auch: Alles funktionierte reibungslos. (Wir sollten noch einige Male kleinere Umzüge mit den Blauen Radlern machen und immer erinnerte man sich an den großen Umzug, vor dem man doch ein paar Manschetten gehabt habe, der aber dann so gut vorbereitet gewesen sei.)

Der Tag des Umzugs war Symbol der Wege, die sich trennten: Wir, die wir neue Ziele vor Augen hatten und in unser neu renoviertes Altbauhaus zogen, waren in freudiger Aufregung, die Kolleginnen, deren berufliche Zukunft in anderen städtischen Bereichen liegen würde, sahen, wie ihre ehemalige

Gruppe leer geräumt wurde. Sie gingen sicherlich mit verletzten Gefühlen in diese Verabschiedungsphase. Eine denkbar schwierige Situation für alle.
Ein Neubeginn, kein Triumphzug auf Kosten anderer, sondern unser konsequent gegangener Weg, der viele offensichtliche Vorteile vereinte: Die Kinder und Jugendlichen konnten zusammen bleiben, wir als pädagogisches Team hatten Gelegenheit, unsere Kompetenz unter Beweis zu stellen, und letztlich waren wir zur richtigen Zeit am richtigen Ort und trafen auf die Unterstützung, ohne die es nicht funktioniert hätte – wir hatten also auch Glück.

Wie lange würde es dauern, bis alles eingeladen und die Kolonne sich in Bewegung setzen würde? Ich rechnete mit einem halben Tag und staunte nicht schlecht, als nach zwei Stunden (!) das Signal zum Aufbruch gegeben wurde … das Ausladen dauerte länger.

Im engen Treppenhaus kamen zwei ausgewachsene Männer mit Kiste auf dem Buckel nicht ungehindert aneinander vorbei. In Zimmer, in denen gerade ein Kleiderschrank aufgebaut wurde, konnten nicht gleichzeitig Kisten hineingestapelt werden.

Alles fügte sich, wie die Dinge sich eben fügen, wenn sie müssen.
Am Abend kamen die Kinder und Jugendlichen von ihrem Ausflug zurück, und damit waren die letzten ruhigen Minuten, die das Haus und wir bis dahin erlebt haben, wie vorausgesagt, zu Ende.

Yassi, damals 14 schreibt dazu:

Das war schon komisch: Am Tag des Umzugs gingen wir morgens aus dem Haus und wussten, wir würden nie wieder dorthin zurückkehren. Als ich in meinem neuen Zimmer zwischen meinen Umzugskartons saß, überfiel mich ein Gefühls-wirr-warr. Ich hatte Angst loszulassen. Mit jedem Teil, das ich auspackte, wurde ich trauriger. Ich vermisste das alte Haus und heulte, als mir klar wurde, dass man es abreißen würde ...

Tinka, kurz vor Ihrer Entbindung, war zeitgleich umgezogen. Einer der Umzugswagen fuhr kurzer Hand schnell bei ihr vorbei. Unsere Erste im Betreuten Wohnen, die nunmehr unweit von uns in einem Hochhaus wohnte und oft zu Besuch kommen sollte.

„Wo acht Kinder und Jugendliche Platz haben würden, konnten auch noch drei weitere unterkommen", seufzten wir. In allerletztem Moment war eine Aufnahmezusage für drei Mädchen aus Eritrea, die fürs Betreute Wohnen bei einem anderen Träger anstanden, von diesem zurückgezogen worden, und wir erklärten uns bereit, sie mitzunehmen.

So starteten wir mit Überbelegung.

Hinter Bergen von Umzugskartons fanden wir an diesem Abend kaum die Kinder wieder und waren uns sicher: Das Chaos würde niemals wieder ganz zu beheben sein. (Insgeheim beschloss ich, mich heimlich ins Ausland abzusetzen.)

Robert Becker, 1997

Ach ja: Die Esel …

… Die kamen, jeder einzeln, einen Tag später. Im Schritt-Tempo mit einem Gabelstapler, den ganzen Weg von Sachsenhausen bis nach Preungesheim. Einer hat seitdem eine kleine Blessur am Bein, die nicht weiter stört. Sie stehen in unserem Vorgarten. (Die Kinder, die vorübergehen, füttern sie bisweilen mit Äpfeln und bleiben eine Zeitlang stehen, um sich mit ihnen zu unterhalten. (Das ist gut. So fühlen sie sich niemals einsam.) Im Winter tragen sie manchmal rote Zipfelmützen, einmal auch eine überaus ansehnliche Lichterkette.
Auch ich bleibe manchmal stehen und sehe sie an.
Ich weiß nicht, ob sie mich wiedererkennen, es ist ja schon eine ganze Zeit her, aber für einen Moment erinnere ich mich dann, wo sie einst gestanden haben und wo alles seinen Anfang genommen hat. Auch das ist gut. Man sollte immer wissen, wo man herkommt. Noch heute erfüllt mich Dankbarkeit über die Chance, die wir damals bekamen.
Wer unser Kinderheim sucht, dem sagen wir immer: Wir sind da, wo die Steinesel im Vorgarten stehen …

Die erste Zeit

Aller Anfang, das weiß man, ist schwer.

„So schwer war es nicht", behaupte ich heute, aber es gab eine Menge Klippen und Hürden, mit denen wir nicht gerechnet hatten.
Die Gewissheit, dass es nun kein Zurück mehr gab, spornte uns weiter an. Die Kinder und Jugendlichen nahmen das neue Haus in Besitz, und wir spürten die große Entspannung, die sich einstellte. Wieviel Umzugskartons waren es, die im Weg standen? Achtzig? Hundert? Unter einem Aufgebot aller zur Verfügung stehenden Kräfte waren sie alle (!) in weniger als 48 Stunden ausgepackt. Meine Kolleginnen gaben mir einen Tag frei, überhörten meinen Protest und schickten mich nach Hause. Sie wollten wohl ungestört arbeiten können …

Nach der langen Zeit der Ungewissheit wollte jeder nur noch geordnete Verhältnisse. Endlich zur Ruhe kommen. Den Kindern ging das nicht anders als uns.

Da es schon fast zwanzig Jahre her ist und ich seinerzeit erst sieben war, kann ich mich nicht mehr so gut daran erinnern, aber damals lebten wir in Sachsenhausen wo wir einen Riesengarten und viele kleine Kinder zum Spielen hatten. Als es dann hieß: wir ziehen um, war das natürlich sehr traurig. Sich von den anderen Kindern und der gewohnten Umgebung zu trennen, fiel mir gar nicht so leicht. Die älteren Jugendlichen halfen in Preungesheim mit, das Haus in Schwung zu bekommen. Dann kam der erste Tag im neuen Heim: Ich war die Kleinste. Alle haben nach mir gesehen, mir geholfen und mich verwöhnt. Das genoss ich natürlich. Das war alles sehr aufregend, und wir waren irgendwie auch ziemlich stolz.

(E., heute 26)

Wer schon einmal umgezogen ist, weiß, was jetzt kommt: Die folgenden Tage, vielleicht auch Wochen, verbrachten wir mit Suchen. Dinge, die man ganz sicher eingepackt und ordentlich ausgeräumt hatte, waren plötzlich wie vom Erdboden verschwunden, bis sie wieder auftauchten. Des öfteren in anderen Zimmern – oder doch im eigenen – nur an anderen Plätzen, als man dies eigentlich gedacht hatte.

Da Kinder und Erwachsene fast grundsätzlich unterschiedliche Ansichten haben, wenn es um Ordnung geht, sahen die sorgsam eingerichteten Kleiderschränke alsbald wieder aus, als habe „eine Bombe eingeschlagen."
Vieles war neu, was blieb, war der tägliche Kampf gegen das Chaos und die „blitzgescheiten" Ausreden der Kinder und Jugendlichen, wenn es darum ging, ihre Pflichten im Haus zu erledigen.
Nicht alles hatte sich also verändert … Kaum hatte man sie in die Knie gezwungen (wir erinnern uns an den Buchtitel), und sie taten endlich was sie sollten, stellte sich die Frage, was wo hingehörte. Im günstigsten Fall schrie man hinunter ins Erdgeschoss, wo sich das Bereitschaftszimmer befand, um nachzufragen, in der Regel aber räumten insbesondere die Jugendlichen, die ihre Dienste bereits alleine versehen konnten, alles von rechts nach links. Die Kaffeetassen, die tags zuvor im Hängeschrank gestanden hatten, erfreuten sich bald eines neuen Standorts. Man fand sie nun im linken Unterschrank, und es war nicht selten, dass sie, je nachdem, wer von uns Dienst hatte, einen Tag später wieder wo anders standen.
Es schien, als rotierten sämtliche Dinge im Haus, und wir alle suchten stets irgendetwas. Keiner wollte umgeräumt haben, und dennoch war nie etwas da, wo man es vermutete. Zumindest kam uns das so vor. Für alles benötigte man länger Zeit. Zeit, die wir nicht hatten und die wir zum Auffinden von Gegenständen benötigten.
Das ging uns nicht anders als den Kindern.

Bis die Dinge nach einem Umzug einen festen Platz bekommen, dauert es für gewöhnlich eine ganze Zeit. Was in unserem Fall erschwerend hinzukam, war die Tatsache, dass wir als Pädagogen dazu neigten, alles besprechen zu müssen und für und wider abzuwägen, anstelle einfach eine Entscheidung zu fällen. Wie auch? Es war eben ganz und gar nicht einerlei, ob die Pfanne im Topfschrank oder praktischerweise direkt in Herdnähe aufbewahrt wurde. Genau so wenig wie es sich automatisch ergab, dass der Locher immer in der selben Schreibtischschublade aufbewahrt wurde, obgleich es aus meiner Sicht nur einen einzigen logischen Platz für ihn geben konnte und das war der, den ich vorher ausgesucht hatte …
So viel sei verraten: unsere Dienste waren anstrengend.

Wir hatten eine Unmenge an Erfahrungen, Regeln und Gewohnheiten mitgenommen und erkannten nun, dass sich nicht alles fortsetzen ließ.
Es war bald zu spüren: Die städtischen Strukturen hatten uns auch Sicherheit gegeben. Wir hatten keine Hausangestellten mehr, die den ganzen Tag da waren und uns alles wegräumten. Niemand kochte mehr für uns, wenn wir uns verzettelt hatten. Wenn wir uns nun schlecht organisierten und die Zeit vergessen hatten, gab es später Essen und die Kinder maulten. Wenn wir zu spät aßen, hatten wir zu wenig Zeit für die Hausaufgaben. Wenn deren Erledigung zulange dauerte, konnten sich die Kinder nicht mehr mit Freunden verabreden …

Wir lernten eine wichtige Lektion: Wir konnten nicht zwangsläufig darauf vertrauen, dass unsere Routine ausreichte, unseren Tag zu strukturieren, sondern vieles, was wir zu erledigen hatten, dauerte länger, als wir dafür eingeplant hatten.
So schön unsere Aufgabe war, wir standen plötzlich auf eigenen Beinen und wurden uns dieser Tragweite mehr und mehr bewusst.

Die Gewissheit, dass wir früher nicht alle Entscheidungen selbst fällen mussten, hat auch etwas Entlastendes gehabt. Es hatte Vorgaben gegeben. Welche, die wir als blödsinnig beschimpfen konnten, deren Urheber wir als „Außenfeind" ansehen und dem wir unterstellen konnten, keine Ahnung von der Praxis zu haben. Nun aber hatten wir keinen Außenfeind mehr. Keinen?
Ich hielt einen Moment inne, als eine meiner Kolleginnen zugab, dass sie die große Verantwortung belaste und sie bereits schlaflose Nächte hinter sich gebracht habe.
Auch ich war irritiert, dass vieles doch anders war, als erwartet. Immer öfter für immer längere Zeiträume des Tages musste ich vor dem Computer sitzend zubringen. Die Verwaltungsaufgaben wollten kein Ende nehmen und die Zeit für die Kinder schwand. Die Quittung kam prompt von der Jüngsten der Gruppe:

> Du sollst keinen Dienst haben. Du hockst den ganzen Tag im Büro und kümmerst dich nicht um uns. Die anderen spielen wenigstens was. Wenn du da bist, ist es langweilig.

Was hätte ich dieser Aussage entgegensetzten können? Auch wenn ich für dies Mal meine Arbeit unterbrach und versprach, „mich zu bessern", ich sah ihren skeptischen Blick und spürte wie sehr sich meine Aufgaben veränderten. Ein Jugendhilfeträger braucht Struktur.

Stimmen die formellen Voraussetzungen nicht, breitet sich Chaos aus. Wie soll man klare pädagogische Entscheidungen treffen, wenn keiner den Überblick übers Ganze hat? Kindern Geborgenheit geben zu können bedeutet, selbst nicht ständig in Besprechungen sitzen zu müssen oder Tabellen und Formularvorlagen zu entwerfen. Ich spürte, dass wir uns Gedanken machen mussten.

Meine Frau, die bereits einen Monat vor Umzug eingestellt worden war, um die Verwaltung vorzubereiten, übernahm nun die Buchführung, musste sich in ein komplett neues Aufgabenfeld einarbeiten, und ich kann nicht sagen, dass sie dabei immer einen glücklichen Eindruck gemacht hat. Heute sagt sie dazu:

> Mein beruflicher Weg hatte mich nicht geradewegs in die Finanzverwaltung eines Jugendhilfeträgers geführt, eigentlich eher im Gegenteil: In der Vergangenheit hatte ich mich mit diversen künstlerischen und handwerklichen Themen auseinandergesetzt. Andererseits stamme ich aus der Familie eines selbstständigen Tischlermeisters mit vielen Angestellten und mir war klar: Idealismus hin oder her, das Geld muss stimmen, sonst dauert` s nicht lang. Mein Mann brauchte mich an seiner Seite und so konnte ich endlich mal bislang weitgehend unerprobte Fähigkeiten unter Beweis stellen. Die Gründung unseres Kinderheimes betreffend war ich zudem durchaus optimistisch, die Bündelung unserer innerfamiliären Begabungen schien mit geeignet, das Ganze auch längerfristig zum Erfolg zu führen.

Meine Frau war die einzige von uns, die weit entfernt vom Haus arbeitete. Im Kinderheim war kein Platz für ein zusätzliches Büro, und dass sie ein zusätzliches Büro brauchte, lag auf der Hand. Kein Mensch kann sich konzentrieren, wenn jede Menge Kinder und Jugendliche neugierige Fragen stellen und nichts anderes im Sinn haben, als einen von dem, was man sich vorgenommen hat, wieder abzubringen oder bei der Buchhaltung „helfen" wollen.

Unsere eigenen Kinder waren noch klein, brauchten ihre Mutter, wenn sie aus der Schule kamen, also richteten wir meiner Frau einen Arbeitsplatz zuhause ein. Ein einsames Arbeiten, eine Fahrstunde entfernt von uns, das aber ganz wesentlich zum Erfolg beitrug.

„Die Buchhaltung muss stimmen! Da kann es kein Gemauschel geben", sagte sie und hatte recht damit. Wir waren genau, mit dem was wir taten, besonders wenn's ums Geld ging. Das, was wir von den Kolleginnen erwarteten, lebten wir vor. (Das übrigens ist bis heute so geblieben.) Wie hätte es auch anders sein können? Wir wussten, dass wir für das Unternehmen in persönlicher Haftung standen. Manches Mal drückte mich diese Last. Wir würden also unserer eigenen Familie die wirtschaftliche Grundlage entziehen, wenn wir grobe Fehler machen und mit den finanziellen Mitteln nicht haushalten können würden. Was, wenn sich in die Kalkulation Fehler eingeschlichen hatten? Fehler, die uns die Existenz kosten würden …
… an manchen Tagen verstand ich, mich derart in meine Untergangsphantasien hineinzusteigern, dass ich quasi stündlich mit einer wirtschaftlichen Katastrophe rechnete. In Gedanken sah ich mich mitsamt meiner Familie bereits verarmt und bis zu unserem seligen Ende verschuldet. Tage, denen unruhige Nächte mit wenig Schlaf folgten. Vor meinen Kolleginnen gab ich derartige Zweifel nicht zu, um sie nicht zu verunsichern, und in Situationen, in denen sich Zweifel aufdrängten, rückte ich schließlich die Fakten in den Mittelpunkt meiner Betrachtung und die belegten: Es gab keine wirklichen Gründe, die Zweifel gerechtfertigt hätten. Das Haus war voll belegt, unser Kontostand wies positive Zahlen auf und wir hatten wirtschaftlich gesehen gewissermaßen einen „Senkrechtstart" hingelegt. Alles schien auf einem guten Weg.

Fast alles:

Das erste Mal, dass es mir nicht sofort gelang, wieder Optimismus zu verbreiten, stand im Zusammenhang mit unserem ersten Steuerberater, der versprach, was er nicht halten konnte: Unsere Buchführung nach Kontorahmenplan einzurichten, uns mit datev zu vernetzen, sowie Bilanzen zu erstellen.
Er warf das Handtuch. Mit Vereinen sei er überfordert. Meine Frau hatte einen fragenden Blick. Was nun? Das auch alles immer so kompliziert sein musste …
So professionell mein pädagogisches Know How gewesen sein mochte, in Sachen Buchhaltung war ich tatsächlich damals noch ziemlich wenig bewandert. (Ich war anfangs sogar davon ausgegangen, dass ein Kassenbuch ausreichen würde.) Was konnte so schwer sein, die paar Zahlen für uns zu erfassen? Was brauchten wir einen Steuerberater, wenn uns die Möglichkeit blieb, uns einfach tot zu stellen? Eine kurze Abwägung, die sich umgehend zerschlug.
Wenn uns etwas nicht auf Anhieb gelang, hieß es nicht, dass es nicht ging. Totstellen war also keine Lösung. Wir, das eingeschworene familiäre Zweiergespann, würden uns nicht aus dem Gleichgewicht bringen lassen. Was wir brauchten, war niemand, der das Handtuch warf, sondern eine Empfehlung. Die bekamen wir glücklicherweise ziemlich schnell. Bis alles wieder im Lot sein würde dauerte es eine Weile.

Das
Kin
An
3
derheim
den
steinen

Dann hatte ich allerdings viel zu lernen und in den ersten Monaten dank unzureichender Unterstützung durch unseren Steuerberater, der mich nur mangelhaft in die „Geheimnisse der Buchführung" einweihte, waren viele Fragen offen geblieben. Nach Niederlage des Mandates zum Jahresende und Wechsel zu einem in der Betreuung von gemeinnützigen Einrichtungen erfahrenen Steuerberaterbüro konnte ich in meinem Lernprozess dann aber durchstarten.
Der junge Mitarbeiter dort war ein geduldiger und gründlicher Lehrer, später hat er mich dann manchmal sogar gelobt! Im Laufe der Zeit habe ich mich in viele Aufgaben eingearbeitet.

Elisabeth Wieding-Becker

Meine Frau erwies sich einmal mehr als belastbar und diszipliniert, lernte gewissenhaft, was es zu lernen gab, und bald konnten wir über die kleine Herausforderung nur noch lachen.

Was blieb, war die Erkenntnis, dass die administrativen Aufgaben nicht nebenher zu erledigen waren und es nicht ausreichte, Rechnungen zu schreiben, sondern wir unsere wirtschaftliche Situation genau kennen mussten und mehr noch: zu lernen hatten, wie diese zu steuern war. Ein Blick auf den Kontostand, der erfreulicherweise zwar schwarze Zahlen auswies, war nicht genug.

Spätestens als die älteste unserer Betreuten Mutter wurde, und wir für zwei unserer drei äthiopischen Mädchen im Oktober 1997 eine Wohnung im Frankfurter Stadtteil Bockenheim anmieteten, nahm das „Betreute Wohnen" Formen an. Unsere drei Plätze waren damit vergeben, das Kinderheim endlich nicht mehr überbelegt.
Alle würden sich entspannen, unsere pädagogischen Konzepte und Bemühungen schon bald Früchte tragen …

… Ein paar der jugendlichen Mädchen nahmen die Entspannung jedoch etwas zu wörtlich, nutzten das Vakuum, das dadurch entstanden war, dass alle mit der Betreuung beauftragten Pädagogen auch zusätzliche Aufgaben erledigten und bis „zum Anschlag" arbeiteten, für ihre Interessen. Sie versuchten, die Grenzen auszuloten und verabschiedeten sich vorübergehend aus der Geborgenheit des Kinderheims „An den 3 Steinen", um sich in die einiger „junger Herren" zu flüchten, die wenig vertrauenerweckend, dafür aber für die Mädchen von großer Anziehung waren.

Wir spürten unsere persönliche Enttäuschung, waren betroffen, reagierten wahrscheinlich sogar beleidigt. Kaum drei Monate im eigenen Haus, schon wurde unsere „Insel" aus eigenen Reihen „verraten". Wir reagierten empfindlich.
Es kostete einige Mühe, die Mädchen wieder an Land zu bringen und mich davon zu überzeugen, sie nicht für den Rest ihrer Jugend in ein Verlies zu sperren …
… nein, natürlich nicht! Selbst ich blieb freundlich zugewandt, und dennoch war ich etwas aus der Balance geraten.

Das Kinder- und Jugendheim „An den 3 Steinen" in Frankfurt am Main hatte also tatsächlich mein Leben bereits nachhaltig verändert. Ich spürte einerseits die Freiheit, selbst verantworten zu können, und gleichzeitig die Belastung und den Druck, dies auch zu müssen.

Wer sich an die Spitze stellt, muss darum wissen, dass es dort einsam werden kann!
Mit jeder Aufgabe, die dazu kam, zeichnete sich dies deutlicher ab. Wir brauchten strukturelle Veränderungen. Ich musste aus dem Spagat zwischen pädagogischer Arbeit und Leitungsaufgaben raus. Es tat keinem gut, dass ich, wie man so schön sagt, einerseits auf zu vielen Hochzeiten tanzte, andererseits aber auch zu nah am Geschehen war. Man verliert den Überblick, wenn man keine Distanz nehmen kann.

Wir machten eine wichtige Erfahrung: Die Kinder und Jugendlichen konnten unsere (Über)-Identifizierung mit dem, was wir taten, nicht teilen. Sie waren und blieben Jugendliche mit allen Ecken und Kanten und der für ein geruhsames Leben unzuträglichen Neigung, auch mal über die Stränge zu schlagen. Mit persönlicher Enttäuschung kamen wir nicht weiter. Dass sie die Situation ausnutzen wollten und ihren Vorteil suchten, war nichts Verwerfliches, sondern aus der Sicht der Jugendlichen sehr verständlich. Das Verbotene hatte schon immer eine immense Anziehungskraft.

Es folgten Gespräche. Zur Klärung, zur Aufarbeitung und zur Androhung von Konsequenzen im Wiederholungsfall. Ein guter Prozess.

Das, was wir uns nach all der Anstrengung gewünscht haben, trat nicht ein: Es gab keine Ruhe. Ein Kinderheim ist ein chaotisches System. Kein Tag ist wie der andere. Alle Kinder brauchten Aufmerksamkeit. Immer wieder geschahen Dinge, die unsere Vorhaben um-, oder einzelne Kinder aus der Bahn warfen. Kaum eingezogen wurde uns klar, das Leben ging weiter und nahm keine Rücksicht darauf, dass wir alle gerne einige Zeit in ruhigeren Gewässern gefahren wären.

Meine Tante starb nach langem Krebsleiden und ich war voller Wut: warum gerade jetzt, so unmittelbar nach dem Umzug? Ich wusste nicht wohin mit meinen Gefühlen und demolierte etwas in meinem neuen Zimmer, das zuvor liebevoll für mich hergerichtet worden war. Meine Mutter war rotzvoll. Ich konnte sie kaum verstehen, so lallte sie und ich sollte sie trösten. Warum konnte ich nicht einmal diejenige sein, die von ihr getröstet wurde? Ich bekam meinen Trost. Nicht von meiner Mutter, aber von dem Team im Kinderheim, wundervolle Menschen, die mir Rückhalt gaben.

Yassi

Jedes unserer Kinder hatte seinen Rucksack zu tragen, dessen Last bisweilen einfach zu sehr drückte. Wir, die Pädagogen, brauchten Zeit für die Gruppe. Zeit zum Reden, zum Trösten, aber auch, um mit ihnen zu lachen. Zeit, die man einfach anbot und in der man da war.

Ich aber hatte im Grunde keine Zeit, schon gar nicht, um gesellig mit den Kindern in der Küche zu sitzen oder fernzusehen. Wenn ich mir die nahm, blieb anderes liegen, das ich spät abends und bis in die tiefe Nacht hinein erledigen musste. Wenn die Kinder vor dem Fernseher saßen, schlich ich mich, anstelle mich zu ihnen zu setzen, heimlich vor den Computer.

Vieles wurde uns in dieser Zeit klar.
Nicht nur, dass meine Leitungsverantwortung erheblich gewachsen war, sondern dass ich den Kindern nicht mehr gerecht werden konnte.
Schweren Herzens verabschiedete ich mich aus der „Basisarbeit", räumte meinen Platz im Bereitschaftszimmer des Kinderheims und zog mit meinen Akten in ein Ein-Zimmer-Appartement in der Frankfurter Innenstadt, das wir als Leitungsbüro angemietet hatten.
Gleichzeitig wollten wir die freigewordene Stelle mit einer Heimleiterin besetzen. Was sich einfach anhört, war es auch: Wir schrieben eine Stelle aus, bekamen Unmengen an Bewerbungen. (Alles Leute, die mich von meiner Position vertreiben wollten!)
Eine Befürchtung war, dass ich im Abseits landen könnte. Was, wenn die Kinder ihre Erleichterung darüber äußern würden, dass ich „endlich" in der „Versenkung" verschwand?

Ich tat mich mit dem Gedanken schwer, bereits zwei Jahre nach der Gründung „in die zweite Reihe" zu treten. Zweite Reihe? Meine wehklagenden Kommentare lösten Irritationen aus. Die erste Reihe sei es, in die ich treten würde. Alles Quatsch! Nur da wo die Kinder und Jugendlichen sind, konnte die erste Reihe sein, und ich litt unter Abschiedsschmerz. (Was etwas übertrieben war.) Dennoch: Für die Belange der Kinder war nun jemand anders da, eine erfahrene Sozialarbeiterin mit viel Liebe und Wärme für die Kinder, die ich nicht frei von Neid dabei beobachtete, wie sie 1999 „meinen" Job antrat. (Einen Job, den ich niemals hatte aufgeben wollen.) Sie blieb zehn Jahre und hat in dieser Zeit viel bewirkt.

Es war ein notwendiger Schritt. Um es an dieser Stelle vorweg zu nehmen: Noch heute hadere ich damit, nicht mehr direkt in der Gruppe zu stehen. An Tagen, an denen meine Schreibtischarbeit kein Ende nehmen will (oder vielleicht ist es meine Schulverweigerung von damals, die durchbricht), tröste ich mich damit, die Kinder und Jugendlichen zu besuchen, um mich ein wenig abzulenken und sie beim Erledigen ihrer Hausaufgaben zu stören …

Eine Phase der Veränderungen war eingeleitet.

Es war wie immer, wenn Veränderungen eingeleitet werden: Es blieb nicht bei dem, was man sich vorgenommen hatte, sondern die Phase der Neuordnung erreichte auch das Team.
Es wurde schnell klar, dass wir uns in unseren Ansichten, wie ein Träger zu führen sei, unterschieden. Die einen verstanden uns als demokratisches Gremium, die anderen brauchten Entlastung und klare Leitungsentscheidungen. Ich versuchte mich im goldenen Mittelweg: Entscheidungen, für die man keine Zustimmung hatte, waren kaum durchzusetzen, andererseits konnte es nicht sein, dass meine Frau und ich für die Finanzen hafteten, ohne gleichzeitig im Ernstfall auch die „finanzielle Notbremse" ziehen zu können. Über Anschaffungen mussten wir das letzte Wort sprechen können. Der gewünschte VW-Bus musste warten, weil man nur das Geld ausgeben konnte, das man bereits verdient hatte.
Wir entschieden uns, zunächst einmal Rücklagen zu bilden, um langfristig Arbeitsplätze und Existenz des Trägers zu sichern. Sicherlich eine gute Entscheidung, die dennoch zu ersten Frustrationen führte und letztlich sogar, wenn auch ein wenig später, zu einem Personalwechsel.

Nach dem Auszug der drei eritreischen Mädchen hatten wir den ersten freien Platz bekommen und fragten uns, ob wir überhaupt belegt werden würden. Wer von den Frankfurter Kolleginnen und Kollegen in den Sozialdiensten kannte uns? Wer vertraute uns? Würden die, mit denen wir als städtische Einrichtung so gut zusammengearbeitet hatten, uns auch weiterhin belegen?

Es ging viel schneller, als wir gedacht hatten. Anfragen gab es, nachdem wir unseren freien Platz gemeldet hatten, jede Menge, und schon bald nahmen wir „unser erstes neues Kind auf." (Es sollte unsere längste Betreuung werden.)

Mittlerweile bin ich 25 Jahre alt geworden und kann es kaum glauben, wie schnell die Zeit vergeht. Ich erzähle meine Geschichte, weil ich im Kinderheim „An den 3 Steinen" eine für mich sehr wichtige Zeit verbracht habe.
Es war mein Aufnahmegespräch, das mich sehr langweilte. Ich war sieben, verstand wenig von dem, was passierte.

Dass mein erster Tag doch noch ziemlich spannend wurde, lag an einem gleichaltrigen Mädchen. Sie musste für mich zum Supermarkt gehen und eine Kekstüte kaufen. Während dem Gespräch habe ich mir den Inhalt der Tüte schmecken lassen. Als das Gespräch fertig war, dachte „meine neue Freundin" es wären noch Kekse übrig. Leider war die Tüte leer. Über den Tag reden wir heute noch und lachen darüber. Immer wenn ins Heim neue Kinder oder Erzieher kamen, habe ich diese genauestens beobachtet und mir Zeit gelassen. In den meisten Fällen waren sie dann aber okay und in Ordnung. Ich habe aber immer meine Zeit gebraucht, mich an Dinge zu gewöhnen und war sehr skeptisch. Wie peinlich es mir war, in der Schule zu erzählen, dass ich in einem Kinderheim wohnte!

Wenn ich heute zurück denke, fällt mir nichts Negatives über die Zeit ein. Ich habe viele Kinder und Erzieher kennenlernen dürfen. Klar war es nicht immer eine rosige Zeit, aber dennoch eine schöne. Sechzehn

Jahre, eine lange Zeit! Solange wurde ich von der Kooperativen Erziehungsarbeit e.V. betreut.
Ich habe mir immer viel Zeit gelassen um Vertrauen aufbauen zu können. Wie auch bei Robert Becker. Den habe ich erstmal weitgehend ignoriert. Auch bei ihm habe ich mich erstmal verschlossen, ihn aber ganz genau beobachtet und ihm schließlich eine Chance gegeben ... weil er nicht aufgegeben hat. Aber er musste sich mein Vertrauen erkämpfen. Ich glaube, das kann man schon so sagen.

Bevor ich in das Heim kam, war ich ein halbes Jahr in einer Pflegefamilie. Dann lief es überhaupt nicht gut für mich. Ich war da sechs Jahre alt. Heute erzählt mir Robert immer mal wieder, wie schlecht ich aussah und dass ich mir selbst die Haare rausgezogen habe, eine fette Bindehautentzündung hatte und mir das Essen in dieser Familie stark rationiert gegeben wurde. Alles so, wie es nicht sein sollte. Ich hatte von diesen Ereignissen einen seelischen Knacks bekommen, und als ich dann im Heim war, hat man das akzeptiert und mir all die Zeit, die ich gebraucht habe, gegeben. Alle waren sehr geduldig und liebevoll.

Dieses Bild (nächste Seite) habe ich kurz nach meiner Aufnahme gemalt.

Viel später, als ich schon fast erwachsen war, bin ich ins Betreute Wohnen gezogen. Mein Start fiel mir schwer. Meine Bezugsperson aus dem Heim kam mit und hat mich begleitet. Ich glaube, es gab Kaffee und Kekse. (Das erinnert mich an was!) Meine zuständige Mentorin in der WG war auch da. Wir schwatzten ein wenig. Als meine Bezugserzieherin aus dem Heim dann meinte, es sei Zeit zu gehen, war ich traurig. Ich verabschiedete sie an der Tür und ging in mein Zimmer. Ich fing an, mein Zimmer schön zu gestalten und räumte die

Kisten aus. So ging es noch einige Tage. Auch hier konnte ich nur langsam und schwer Vertrauen aufbauen. Mit einer der Sozialarbeiterinnen zum Beispiel kam ich lange nicht klar. Ihre Art war mir fremd. Obwohl sie eine super nette „Erzieherin" war. Die anderen fand ich gleich nett, konnte mich auch mit meiner Mentorin anfreunden, aber ich redete nicht viel und alle waren ziemlich verzweifelt darüber. Robert Becker aber kannte mich und wusste, ich würde viel Zeit brauchen ... "Lasst sie in Frieden, die kommt schon, wenn es soweit ist", hat er gesagt. Er kannte mich eben gut.

In der WG hatte jeder so seine Aufgaben. Die einen waren für Spielenachmittage zuständig. Die andere konnte gut kochen und half uns immer bei den Hausaufgaben. Meine Mentorin verwöhnte uns mit Nudeln und Süßigkeiten. Ich fand es schön, dass jeden Tag die Bürotür offen stand und man sich dazugesellen konnte. Das kannte ich so auch aus dem Heim. Verschlossene Türen gab es nicht. Oft hat es aber gut getan auch mal alleine zu sein. Je länger ich in der WG gewohnt habe, desto mehr kam ich mit allem klar. Heute bin ich sehr froh, dass ich im Heim und in der WG aufgewachsen bin, weil ich weiß: Wäre ich bei meiner Mutter groß geworden, hätte ich kein Fachabi, geschweige denn eine Ausbildung zur Erzieherin gemacht. Ich wäre dort sicherlich komplett abgerutscht. Die Zeit in der Jugendhilfe war für mich sehr prägend und auch jetzt ist sie sehr wichtig für mich. Ich war vom 03.03.1998 bis 31.03.2014 in der Jugendhilfe. Ich habe mir meinen ersten und letzten Tag meiner Betreuung als römische Ziffern oben auf beide Schultern tätowieren lassen: III.III.XCVIII-XXXI.III.XIV Eine für mich so wichtige Zeit, die ich nie vergessen werde.

Melanie K., heute Vorstandsmitglied der Kooperativen Erziehungsarbeit e.V.

Das Betreute Wohnen

Was war darunter zu verstehen?
Genau wussten wir das nicht. Die rechtliche Grundlage bildet *§ 34 Heimerziehung, (SGB VIII, KJHG) sonstige betreute Wohnform:*

> Hilfe zur Erziehung in einer Einrichtung über Tag und Nacht (Heimerziehung) oder in einer sonstigen betreuten Wohnform soll Kinder und Jugendliche durch eine Verbindung von Alltagserleben mit pädagogischen und therapeutischen Angeboten in ihrer Entwicklung fördern. Sie soll entsprechend dem Alter und Entwicklungsstand des Kindes oder des Jugendlichen sowie den Möglichkeiten der Verbesserung der Erziehungsbedingungen in der Herkunftsfamilie
>
> 1. eine Rückkehr in die Familie zu erreichen versuchen oder
> 2. die Erziehung in einer anderen Familie vorbereiten oder
> 3. eine auf längere Zeit angelegte Lebensform bieten und auf ein selbständiges Leben vorbereiten.
>
> Jugendliche sollen in Fragen der Ausbildung und Beschäftigung sowie der allgemeinen Lebensführung beraten und unterstützt werden.

Aha!

Jetzt nur noch die Theorie in die praktische Arbeit umsetzen und schon würde es laufen, das Betreute Wohnen.

Die Konzepte waren ja bereits geschrieben. Bei den Überlegungen zur praktischen Umsetzung aber tauchten viele Fragen auf.

Der Standard im Betreuten Wohnen 1997, darauf war man im Frankfurter Jugendamt stolz, sah vor, junge Menschen ab 16 (!) einzeln in eigenem Wohnraum zu betreuen. Sie sollten lernen, in wirtschaftlicher Eigenverantwortung sozial verträglich zu leben. Das Stichwort „Lebensweltorientierung" fiel immer wieder. Was genau war das?

Meine Nachfragen, oft genug als Provokation empfunden, waren gar nicht als solche gemeint, sondern fußten auf persönlicher Unerfahrenheit. Dabei war alles ganz einfach: Unsere Betreuten sollten sich an der Lebenswelt orientieren. Realitätsnah. Blieb die Beantwortung der Frage, welche der vielen Realitäten, die wir kannten, die richtige war.

- Die realen Verhältnisse, aus der die Jugendlichen kamen?
- Die, die sie bei uns im Kinderheim oder in einer anderen Einrichtung zuvor erlebt hatten?
- Vielleicht aber auch die, die in Fachkreisen unter „Benennung von Zielen und Unterzielen" beschrieben worden waren, und die oft genug mit der Erlebenswelt junger Menschen weniger zu tun hatten, als uns lieb sein konnte. (Wir kannten die oftmals mühsamen Runden in den Hilfeplankonferenzen) [3]

Wir sahen sie vor uns:
Die Jugendlichen und jungen Erwachsenen, wie sie in Einzimmerappartements, die es damals auch schon nicht so ohne weiteres in Frankfurt zu mieten gab, saßen und sich einsam fühlten, bei ihren Bemühungen sich unter realistischen Bedingungen an der Lebenswelt zu orientieren. Oder schlimmer noch: wie sie endlich den entstandenen Freiraum nutzten, ihrem schlechten Ruf alle Ehre zu machen und die Schule abbrachen oder sonst irgendeinen Mist anstellten. Aufgrund fehlender Fertigkeiten in der Haushaltsführung würden sie sich über kurz oder lang versehentlich vergiften. Sie würden aus Schusseligkeit Brände legten, ihre Schlüssel verlieren oder ähnliche Katastrophen heraufbeschwören …

---

[3] gem. § 36 KJHG wird die gewährte Jugendhilfemaßnahme in sog. Hilfeplankonferenzen halbjährig überprüft. VertreterInnen des Jugendamtes und des Jugendhilfeträgers treffen sich mit den SorgerechtsinhaberInnen und den Kindern/Jugendlichen, um gemeinsam „einen Vertrag" zu schließen, welche Ziele erreicht werden sollen.

Wir würden keine Nacht mehr ruhig schlafen können, befürchteten wir. Glücklicherweise wussten wir damals noch nicht, dass alle unsere Befürchtungen im Laufe der Zeit tatsächlich eintreten sollten …
… nicht, weil unsere Jugendlichen besondere Störungen aufwiesen, oder sich nicht an Grenzen hielten, sondern weil sie junge Leute waren, die sich mehr zumuteten, als sie bewerkstelligen konnten und dabei gerne den Überblick verloren.

Was sollten wir mit denen tun, die sich in der eigenen Wohnung unwohl fühlen würden? Manchen sah man die Angst an, die sie beschlich, wenn wir über Zukunft in eigenem Wohnraum redeten.
Wir fragten uns, warum sollten wir befreundete junge Menschen, die sich gegenseitig unterstützten und die zusammen ihren Start ins „eigenverantwortete Leben" unternehmen wollten, überhaupt trennen?

Dass wir bereits ein paar Monate nach unserer Gründung eine Wohnung anmieteten, in der zwei von drei unserer jungen eriträischen Mädchen zusammen lebten, die sich Bad und Küche teilten, kam uns logisch vor. (Die dritte von ihnen war noch 15 und sollte später nachziehen. Das Aufnahmealter für das Betreute Wohnen war und ist 16 Jahre, also verdammt früh.)
Dass wir mit unserer Wohngemeinschaft in der Grundsatzabteilung des Jugendamtes einen Sturm im Wasserglas heraufbeschworen, verwunderte uns, brachte uns aber nicht davon ab, an unserer Idee festzuhalten.
Vielleicht war es unsere Unwissenheit, oder die mangelnde Erfahrung, die uns unerschrocken in den Ring ziehen ließ, aber wir vertraten mit dem Selbstbewusstsein der Großen unsere Ideen und rückten von unseren Überzeugungen nicht ab, nur weil ein Arbeitspapier, vor unserer Zeit mit den Freien Trägern erarbeitet, als unumstößliches Gesetz angesehen wurde. „Bei uns in Frankfurt gibt es das nicht", war damals einer der meist bemühten Sätze. „Sind wir keine Frankfurter?" meine stereotype Antwort, die in der Regel nur geeignet war, einen stundenlangen Machtkampf einzuläuten.

(An dieser Stelle sei erwähnt, dass die Frage, ob wir Frankfurter sind, keine ist, die man so schnell beantworten kann. Wir sind ein Freier Träger, der bis heute seinen Vereinssitz in Butzbach hat, also eigentlich zum Wetteraukreis gehört, aber in Frankfurt seine Einrichtungen betreibt und deswegen, wiederum in der AG 78, Frankfurt, sitzt.)

AG 78 kannten wir nicht. Im SGB VIII § 78 heisst es:

> *Die Träger der öffentlichen Jugendhilfe sollen die Bildung von Arbeitsgemeinschaften anstreben, in denen neben ihnen die anerkannten Träger der freien Jugendhilfe sowie die Träger geförderter Maßnahmen vertreten sind. In den Arbeitsgemeinschaften soll darauf hingewirkt werden, dass die geplanten Maßnahmen aufeinander abgestimmt werden und sich gegenseitig ergänzen.*

Strenggenommen müsste ich also die Arbeitskreise im Wetteraukreis besuchen ... Das aber machte keinen Sinn, weil die Verhältnisse nicht einfach übertragbar waren.

In der Frankfurter AG 78 haben wir bis heute nur Gaststatus, was zweierlei bedeutet: wir haben kein Stimmrecht, und ich weigere mich hartnäckig Protokoll zu schreiben ... Gäste lässt man nicht arbeiten.

Ich lernte schnell, dass wir als Träger ein bisschen „anders" waren. Im günstigsten Fall nannte man uns „Exoten". Hin und wieder aber wurden wir auch als „Sonderlinge" angesehen oder „Größenwahnsinnige", die nicht regelkonform zu sein schienen.

Wenn ich mir an dieser Stelle einen Rückblick erlaube: Vieles von dem, was wir in den kommenden zwanzig Jahren umsetzen sollten, hatte eventuell tatsächlich mit mangelndem Regelverständnis und damit verbundener Unerschrockenheit zu tun, aber immerhin hatten wir von unseren Kindern gelernt: Die waren oftmals auch mit der Frage „Warum?" erfolgreich gewesen.
Wenn wir mit unseren Ideen schon nicht zum Zug kommen sollten, wollte ich wenigstens verstehen, warum nicht. Konsequenterweise galt ich schon bald als „lästig". Es versteht sich von alleine, dass wir nichts forderten, das es in der „Welt da draußen" nicht schon gab.

Wir haben uns selten mit anderen Trägern verglichen. Die waren oftmals groß, gut organisiert und in allen möglichen Gremien vernetzt, was bedeutete, dass deren GeschäftsführerInnen auf mich den Eindruck machten, alles mögliche zu wissen, von dem ich keine Ahnung hatte und zudem nicht alleine in ihren Entscheidungen waren. Sie konnten ihre Verantwortung auf mehrere Schultern verteilen. Das war bei uns anders.
Meine KollegInnen liehen mir zwar immer ihr Ohr, wenn ich darum bat, hatten aber von den berufspolitischen Dingen wenig Ahnung. „Du wirst schon das Richtige für uns entscheiden", bedeutete immerhin, dass sie mir vertrauten.

Wir nutzten den „Kassler Bund e.V.", der anbot, uns als Träger bei Verhandlungen zu vertreten und das ganz zu Anfang auch tat. Nur, dass ich das letztlich gar nicht so recht wollte. Sich vertreten zu lassen heißt immer auch, die Angelegenheit selbst nicht zu steuern, schlimmstenfalls, nicht mal zu verstehen.
In dem, was ich tat und für uns veranlasste, fehlte mir zwar oft genug das politische Bewusstsein, aber wenn wir schon hafteten, wollte ich auch persönlich in den Ring steigen. (Ein Überbleibsel meiner Kampferfahrung als Judoka: Nach dem Training war man im Wettkampf auf sich alleine gestellt und musste beweisen, dass man es konnte.) Ausserdem wollte ich nicht, dass man über uns redete, sondern mit uns und beschloss, die Dinge mehr oder weniger alleine in die Hand zu nehmen.
Wichtig erschien uns, dass wir unsere Ideen, von denen wir überzeugt waren, auch umsetzen konnten. Nicht kompromisslos, sondern gerne immer wieder auch mit Überprüfungs- und Auswertungseinheiten, die später, (wie sehr ich diese komplizierten Wörter liebe!) *Qualitätsentwicklungsvereinbarungen* hießen.

Wie der Name bereits sagt: Die Qualitätsentwicklungsvereinbarung, kurz QeV, regelt zwischen der Grundsatzabteilung des zuständigen Jugendamtes und dem Freien Träger, auf welche konzeptionellen Entwicklungsaspekte besonders geachtet werden soll. Dies sind insbesondere Auslastung und Belegung, Personalbereitstellung und erbrachte Betreuungsstunden. Die Zielvereinbarungen sichern die Basis gemeinsamer Betrachtung in den jährlichen Auswertungsgesprächen.

Gegen Qualität hatten wir nichts, und dass diese sich weiter entwickelte, war nur gut. Wir wollten nur, dass man uns ließ. Und immer wieder hieß es, das dieses oder jenes so nicht vorgesehen sei, der juristische Rahmen unseren Ideen Grenzen auferlegen würde und uns einfach nur die Erfahrung fehle …

… wie Recht sie hatten, und bald erkannten wir die Parallele. Das war es doch auch immer wieder, was wir unseren Jugendlichen aufs Brot schmierten. Sie sollten auf uns, die Erfahrenen, hören, auf die, die alles besser wussten und sie vor Unheil bewahren würden. In der Position des Trägers waren wir also selbst Pubertierende und legten, so bleibt zumindest was meine Person betrifft zu befürchten, wahrscheinlich bisweilen auch ähnliche Verhaltensweisen an den Tag. Befreiung und Last gleichermaßen.

Der Betreuungsschlüssel 1:5, was dem Laien nicht viel sagt, bedeutete konkret, dass wir die jungen Menschen, abzüglich Fahrt-, Verwaltungs- und Besprechungszeiten ein- bis zweimal wöchentlich für

ein paar Stunden sehen würden.
Kein beruhigender Gedanke. Viele der jungen Menschen, die wir betreuten, hatten höheren Bedarf. Den Wechsel von der fast schon überversorgenden Heimerziehung in die Selbstverantwortung in eigener Wohnung stellten wir uns holprig vor.
Wir würden nach der Betreuung aus der Wohnung gehen und darauf hoffen, dass die junge Brut in der darauffolgenden Woche noch in gutem Zustand sein würde …

… das war es nicht, was wir unter „Betreutem Wohnen" verstanden. Was lag näher, als mehrere von ihnen zusammenzulegen? Der Synergie-Effekt lag doch auf der Hand. Die Erinnerung an die eigenen WG-Zeiten war nicht weit entfernt, und dennoch ließ man uns wissen, dass das Zusammenleben von mehreren jungen Leuten nicht erwünscht sei. Man verwies auf den *Frankfurter Standard*, ein Positionspapier zum gerade neu begründeten Betreuten Wohnen in der Jugendhilfe. Die Betreuung sollte einzeln erfolgen und musste, auf die einzelne Person bezogen, nachweisbar sein.
Man braucht nicht viel Phantasie, um die Konflikte zu erahnen, die entstehen können, wenn kreative Gedanken und Ideen auf Standards treffen … Ein gemeinsames Gespräch von zwei Stunden mit zwei Jugendlichen gleichzeitig würde kaum zu dokumentieren sein, es sei denn man teilte die Betreuungszeit einfach durch zwei.

Was für uns auf der Hand lag, bedeutete stundenlange Diskussionen in der Grundsatzabteilung des Frankfurter Jugendamtes. Die Hartnäckigkeit, mit der dort Positionen vertreten wurden, tat keinem gut. Um was ging es? Immer wieder geriet ich in Machtkämpfe anstelle Unterstützung zu erfahren, und je mehr ich mich darin verstrickt sah, desto selbstbewusster vertrat ich meine Positionen.
Um kein falsches Bild aufkommen zu lassen: Nach den anfänglichen kriegerischen Auseinandersetzungen legte sich der Sturm allmählich, und mit einem Wechsel der Zuständigkeit innerhalb der Grundsatzabteilung entwickelte sich umgehend eine konstruktive und von beiderseitigem Respekt getragene Zusammenarbeit, die bis heute andauert und für die wir immer wieder dankbar sind.

Doch zurück in die stürmische Zeit, die eben noch nicht überstanden war und uns die inhaltliche Arbeit gerade zu Anfang schwer gemacht hat:
Um durchzusetzen, dass sich die Jugendlichen der Kooperative Erziehungsarbeit e.V. zukünftig Wohnungen teilen und nicht alleine bewohnen würden, bedurfte es einiges mehr als den Austausch sachlicher Argumente.
Nach einigen lautstarken Auseinandersetzungen, dem gegenseitigen Androhen rechtlicher und sonstiger Konsequenzen und allerlei wechselseitigem Imponiergehabe, gründeten wir 1997 dennoch unsere erste Wohngemeinschaft für drei junge Leute im Rahmen des Betreuten Wohnen und erwei-

terten, wo wir schon mal dabei waren, unsere Plätze auf fünf. Wir hofften, dass diejenigen, die das Scheitern des Projektes prophezeit hatten, nicht Recht behalten würden.

Heute haben alle längst begriffen, dass Wohngemeinschaften dringend notwenig für die Verselbständigung junger Menschen sind und eine hervorragende Ergänzung zum Angebot des Einzelwohnens darstellen – ein Übergangsmodul gewissermaßen, aber damals?

Es waren turbulente Zeiten und schon immer war es schwierig, eigene Konzepte von der Theorie in die Praxis zu bringen. Die eigenen Ideen sind wichtig genug, um sie umzusetzen, und manchmal geht das nicht so einfach, wie man es sich wünscht. (Als einige Jahre später in einer der AG 78 Sitzungen der gleiche Mensch, der es mir seinerzeit so schwer gemacht hat, davon sprach, dass einige der Frankfurter Träger endlich Flexibilität in der Betreuung von Jugendlichen zeigen würden und die allerorts gegründeten Wohngemeinschaften lobend erwähnte, konnte ich mir ein Schmunzeln nicht verkneifen.)

Ja, man sollte nicht kleinlich sein, selbst wenn einem zunächst die Anerkennung verwehrt bleibt. Nach Zeiten der Hartnäckigkeit sollten immer wieder Phasen der Reflexion folgen, damit Verspannungen ausbleiben. Es gehört zur fachlichen Kompetenz, sich Fehler einzugestehen, Korrekturen vorzunehmen und sich Zeit zum Überdenken zu nehmen. Auf Biegen und Brechen einen Weg zu verfolgen, von dem man erkennt, dass er sich als falsch herausstellt, nur, um nicht das eigene Gesicht zu verlieren, macht keinen Sinn und trotzdem haben wir das, wie wir im folgenden Kapitel beschreiben, in einem Fall getan.

Nicht jede Saat geht auf …

Nachdem ich nicht mehr in den Schichtdienst des Kinderheims eingeteilt war, sondern mein Dasein in meinem Büro in der Frankfurter Innenstadt fristete, kam unser damaliger Berater sehr schnell auf die „freigewordenen Ressourcen" und damit auf das Thema *optimale Betriebsgröße* zu sprechen. Wir waren keine zwei Jahre „auf dem Markt" und sollten, davon war er fest überzeugt, gleich noch ein zweites Kinderheim eröffnen.
Zufällig war er auch für einen anderen Träger tätig, der seine Betriebserlaubnis verloren hatte und der nun für eines seiner Häuser einen neuen Betreiber suchte. Was lag näher, als uns in Kontakt zu bringen? „Was für eine Gelegenheit!", behauptete der Berater, während mir das alles viel zu schnell ging. Wir hatten uns von den Strapazen unserer Gründung gerade eben erst ein wenig erholt …

Das Haus lag in der Wetterau und ließ sich, aufgrund seiner Entfernung, logistisch nicht wirklich gut mit uns verbinden. Eine ganze Stunde Fahrzeit … Dennoch ließen wir uns überreden, das Haus, die Kinder und die MitarbeiterInnen kennenzulernen. Auch wir waren vielleicht verführbar. Es schmeichelte uns sicherlich, dass man ausgerechnet uns zutraute, abermals als „Retter" zu fungieren. Wenn es einer schaffe, das Wetterauer Haus wieder auf „gesunde Säulen" zu stellen, dann wir …
… Dabei stimmten nicht mal die Rahmenbedingungen. Man verschwieg uns, dass sämtliche in Frage kommenden Träger der Wetterau bereits gefragt worden waren und keinerlei Bereitschaft gezeigt hatten, die Trägerschaft zu übernehmen. Der „schlechte Ruf", wie ich später erfuhr, hatte alle anderen daran gehindert. Man verschwieg uns viel.
Die „Hausmutter", der die Liegenschaft, in der das Heim betrieben wurde, auch noch privat gehörte, lebte mit ihrem Lebensgefährten und den Kindern zusammen. Ein Konzept, das wir nicht „im Angebot" hatten, das wir als großes Problem ansahen. Ein Träger sollte sich nicht vertraglich von jemand abhängig machen, den er gleichzeitig beschäftigte – schon gar nicht von einer seiner Gruppenleiterinnen. Träger der Jugendhilfe und Bauträger mussten voneinander getrennt sein. Wie sollten unter diesen Bedingungen klare Strukturen etabliert werden? Unser Berater sah das anders … Es sei alles eine Frage der Transparenz und klarer Vertraglichkeiten.

Wir könnten an dieser Stelle viel darüber schreiben, wie man in Dinge, die man selbst gar nicht will, hineinschlittern kann … Fest steht, man nutzte unsere Unerfahrenheit aus, und über kurz oder lang konfrontierte man uns mit dem „Zeitdruck", der bestand, mit der „Not der Kinder", die ihr Zuhause verlieren würden, und natürlich spielte auch der drohende Verlust der Existenzgrundlage von Leitung und unbescholtenen MitarbeiterInnen eine große Rolle …

… und so legten wir ein Konzept vor, das alles verändern sollte: Die Renovierung des stark vernachlässigten Hauses, Neumöblierung, Fassung einer Konzeption, Erarbeitung neuer Arbeitsverträge, gültige Pflegesätze.
Ich erinnere mich noch zu gut, dass ich noch am Tag der Vertragsunterzeichnung im Jugendamt Friedberg einen Rückzieher machen wollte, mich aber unter Druck setzen ließ.

Was für uns fast mit einer Katastrophe geendet hätte, war die Tatsache, dass unser Berater einen Mischpflegesatz für beide Einrichtungen verhandelte, ohne die Zuständigen des Frankfurter Jugendamtes mit ins Boot zu holen … Die reagierten mit einem sofortigen Belegungsstop der Kooperative Erziehungsarbeit e.V. – was für ein Desaster!

Missverständnisse ließen sich klären, der Belegungsstop wurde alsbald aufgehoben, aber der Ärger war unbeschreiblich und klang lange Zeit nach. Vieles war für mich damals noch gar nicht nachvollziehbar. So sicher bewegte ich mich noch nicht auf meinem Territorium.
Mein Entschluss aber, ab diesem Zeitpunkt grundsätzlich alle Verhandlungen alleine zu führen, war eine direkte Reaktion auf dieses „Missverständnis", und ich lernte, dass man die Verantwortung nicht in andere Hände geben darf und belegte (mit einigem Widerwillen) einen Betriebswirtschaftskurs in Berlin – wo mich niemand kannte und wo ich das lernen konnte, das mir noch fehlte.
Nachdem die Wogen geglättet, alles wieder in ruhigen Bahnen lief, wurde deutlich, wie kompliziert unsere Expansion auch für mich persönlich war: Ich saß in zwei Gremien, die sich AG 78 nannten. In der Wetterau war ich stimmberechtigt, in Frankfurt, wo wir die meisten unserer Plätze anboten, hatten wir nach wie vor nur Gaststatus. Für das Heim in Frankfurt war das Landesjugendamt Wiesbaden zuständig, für das in der Wetterau das in Kassel.

Der Stolz auf unser „zweites Haus" wollte sich nicht recht einstellen. Die Einrichtung blieb uns fremd, kam uns oftmals vor wie das „ungeliebte Kind."
Ein schönes Haus. Frisch gestrichen, neu ausgestattet, mit neuer Konzeption und fröhlichen, wie befreit wirkenden Mitarbeiterinnen. Dennoch blieb die Skepsis des belegenden Jugendamtes des Wetteraukreises. Was immer wir auch taten, stets spürten wir Vorbehalte. Die Vergangenheit, mit der wir nichts zu tun hatten, holte uns ein. Man verzieh die enge Verbindung der Hausleiterin zum ehemaligen Geschäftsführer nicht … Vieles erfuhren wir erst in den folgenden Jahren.
Zudem kann ich bis heute nicht mit Gewissheit sagen, was von all dem, was wir hörten, stimmte und was nicht. Wir distanzierten uns von der Vergangenheit, die nicht Teil unserer Geschichte war, und dennoch gelang es uns nicht, unsere eigene Kultur zu etablieren.

Auch daraus haben wir viel gelernt. Beispielsweise, dass man nie in ein bereits von anderen betriebenes Haus gehen sollte, sondern für eine Fusion immer neutralen Boden braucht. (Unzählige Male habe ich in meinen Familientherapien dazu geraten, nicht in die Wohnung des einen oder des anderen zu ziehen, sondern, wann immer es zu realisieren war, ein gemeinsames Projekt „auf neutralem Boden" zu verwirklichen und sich eine gewissenhafte Planungsphase mit allen Beteiligten zu gönnen.)

Zwischenzeitlich schien, letztlich auch durch die Belegung durch die Sozialdienste der Stadt Frankfurt, alles doch noch irgendwie zu gelingen. Es gab Phasen, in denen sich alles beruhigt zu haben schien, aber es blieb schwer, die außenliegende Einrichtung mit uns zu verbinden. Wir hätten uns aus der Trägerschaft eher verabschiedet, wenn es zwischenzeitlich nicht immer wieder ein gutes Miteinander mit den MitarbeiterInnen gegeben hätte.

Meine persönliche Arbeitsbelastung stieg und erreichte ihre Grenzen. Erst Jahre später, die Miete war erhöht worden, das Haus wie das Außengelände zudem in baulich beanstandungswürdigem Zustand, zogen wir endlich die Notbremse. Es ging nicht weiter, beim besten Willen nicht. Wir liefen Gefahr, den Gesamterfolg des Trägers aufs Spiel zu setzten, weil die Belegung auf 50 Prozent gefallen war, und endlich fassten wir den Entschluss, die Verträge zu kündigen und uns wieder auf unsere eigenen Einrichtungen zu konzentrieren.

Unsere Trägerschaft, die wir anboten, wollte niemand übernehmen – nicht mal die Hauseigentümerin, die immer noch mit der Leitung beauftragt war. Das wäre eine Möglichkeit gewesen … Man wollte nicht. Uns blieb nur noch, die Einrichtung aufzulösen und bei all unseren Entscheidungen mit offenen Karten zu spielen. Zum Schluss lebten nur noch ein paar Kinder in der Einrichtung, für die individuelle Lösungen gesucht wurden. Die ältesten gingen mit nach Frankfurt und wechselten in unser Betreutes Wohnen.

Man kann sich vorstellten, dass Trennungen niemals nur befreiend, sondern auch nervenaufreibend sind. Aber bis heute sind wir froh darüber, es getan zu haben.

Als Geschäftsführer, auch das habe ich gelernt, muss man Entscheidungen treffen, die für einen Teil unangenehm sind, für einen anderen, weitaus größeren Teil, aber Sicherheit bedeuten. Egal, was immer man entscheidet, man sollte es mit denen besprechen, die es angeht – so früh als möglich mit Mut und Ehrlichkeit. Genau das haben wir getan.

Nichts war umsonst …

Wenn ich eins damals gelernt habe, dann: Man sollte seinem eigenem Gefühl trauen und nicht auf halbem Weg umkehren, wenn man davon überzeugt ist, das Richtige zu tun, aber den Mut haben, genau das zu tun, wenn man erkennt, sich auf dem falschen Weg zu befinden.
Nachher weiß man immer mehr.

Manchmal erschien uns unser Alltag beschwerlich, aber letztlich geht mehr, als man zunächst gedacht hat …
Das haben immer wieder auch unsere MitarbeiterInnen zugeben müssen, wenn sie sich versehentlich mit Situationen konfrontiert sahen, die sie so nicht erwartet hatten. Im Laufe der vielen Jahre entstehen viele Anekdoten, und bisweilen habe ich deren Richtigkeit angezweifelt. Auch die folgende Geschichte schien mir zunächst eine „üble Nachrede" zu sein, deren Richtigkeit aber von unterschiedlichen Seiten bestätigt wurde. Ich kann mich nicht mehr erinnern, was ein unumstößlicher Beweis dafür ist, dass mir die Angelegenheit vielleicht im Nachhinein doch etwas peinlich gewesen sein mag …

Nachdem die erste Generation des Betreuten Wohnens flügge geworden war, standen die Zeichen wieder einmal auf Veränderung. Die Wohnung in Bockenheim wurde zugunsten einer geräumigen Vier-Zimmer-Wohnung im Nordend aufgegeben und die Konzeption dahingehend verändert, dass nun, ganz im Sinne einer systemischen Triade, drei junge Menschen zusammenleben sollten und ein Büro für die Mitarbeiterinnen geschaffen wurde.
Bereits aus den ersten Kapiteln des Buches wissen wir, dass unser Chef schnell mit Entscheidungen ist. Dies war dann auch bei Gründung der neuen WG deutlich spürbar. Zusätzliches Personal wurde eingestellt, sodass ab Juni 2001 drei hoch motivierte Mitarbeiterinnen das Team des Betreuten Wohnens bildeten. Nachdem der Mietvertrag unterschrieben und die Betriebserlaubnis eingeholt war, kaufte unser Chef eines schönen Nachmittags in einem schwedischen Möbelhaus die gesamte Wohnungsausstattung und vereinbarte einen Liefertermin. (Leider ohne Aufbauservice.) Die Möbel kamen dann letztendlich am Starttag unserer neuen

Wohngruppe, welcher auch gleichzeitig der erste Arbeitstag der neuen Kollegin war.
Diese sollte ihren Dienst vereinbarungsgemäß um 13 Uhr beginnen, wurde dann aber morgens um 9 Uhr telefonisch darüber informiert, dass sie bitte früher in die WG kommen solle, um die Lieferung in Empfang zu nehmen.
Da standen sie dann: Die Lieferung, die erste, gerade eben eingezogene Jugendliche und die neue Kollegin und keine wusste so recht, wie es nun weitergehen sollte.
Insbesondere die neue Kollegin wirkte etwas verzweifelt, weil sie noch nie zuvor Möbel aufgebaut hatte und schon beim Lesen der Aufbauanleitung zu scheitern drohte.
Tatkräftig nahm dann die Jugendliche M., ihres Zeichens Waldorfschülerin, die Sache bzw. den Akkuschrauber in die Hand – und einige Stunden später war dann tatsächlich Wohnraum und sogar eine halbwegs nette Atmosphäre für die neuen Bewohner geschaffen.

Susann Fischer, heute: Abteilungsleiterin Betreutes Wohnen

Na also. Wieder einmal ein Beweis, wieviel wir von jungen Leuten lernen können …

Heute buchen wir, um unsere MitarbeiterInnen etwas zu schonen, in vergleichbaren Fällen einen Aufbauservice oder beauftragen unseren Hausmeister mit der Montage.
Um es an dieser Stelle zu erwähnen: Die besagte Kollegin arbeitet trotz des Schockmoments während ihres ersten Arbeitstages noch immer bei uns. Unser Verhältnis ist ein vertrauensvolles, auch wenn sie immer wieder behauptet, dass ich sie mit meiner Schnelligkeit und meinen spontanen Ideen noch immer aus dem Tritt bringe.

Wenn ich sie ärgern will, behaupte ich, wir hätten beschlossen „ihre" WG aufzulösen oder umziehen zu lassen. Dann sieht sie mich ganz erschrocken an, weil sie nichts mehr hasst, als Veränderungen und ich freue mich und verspreche ihr, dass sie die neuen Möbel diesmal sogar ganz alleine aufbauen darf …

Manchmal machen wir Ausnahmen, was die Auftragsvergabe an einen Montageservice betrifft. Dann zum Beispiel, wenn uns die jungen Leute ganz selbstbewusst Glauben machen, nichts lieber zu tun und kaum etwas besser zu können, als Möbel zu montieren. Dass wir immer wieder glauben, was sie uns sagen und auf deren Fähigkeiten vertrauen, mag uns als Naivität ausgelegt werden, hat aber oftmals damit zu tun, dass wir uns die Abgründe ihres Unwissens gar nicht vorstellen können.

Die besten Kleiderschränke gehen aber einfach in die Grätsche, wenn man vergisst, die Rückwand zu montieren. (So geschehen, – man kann es wirklich kaum glauben –, im Spätsommer 2016. Die beiden männlichen Jugendlichen aus Indien möchten, davon gehen wir aus, namentlich nicht erwähnt werden – also lassen wir es.) Bleibt die Frage: Wie kann man die Rückwände vergessen? Man kann alles mögliche. Wir sind immer wieder erstaunt, was die uns anvertrauten jungen Leute für Fähigkeiten haben, und immer auf Neue erfasst uns blankes Entsetzen, wie man zwanzig Jahre auf der Welt sein kann und bestimmten Dingen noch niemals begegnet sein will.

Viele unserer Jugendlichen sind, sagen wir es mal vorsichtig: vergesslich. Einmal erklärt, können Sie Dinge noch lange nicht verstehen, geschweige denn behalten. Es ist eben alles doch ziemlich schwer zu begreifen. Erkenntnisse geraten unter bestimmten Umständen schnell wieder ins Rutschen. Wir wiederholen sie dann gebetsmühlenartig.

Das hat uns nicht davon abgehalten, den Bereich Betreutes Wohnen immer weiter auszubauen, obgleich man bis heute „Nerven wie Drahtseile" braucht.

2005 - Whats App und Co. waren noch nicht erfunden und das Guthaben auf den Handys der Jugendlichen meistens auf Null.
Man schrieb sich noch SMS, dies leider auch - im wahrsten Sinne des Wortes- in brenzligen Situationen. So erreichte mich eines Abends kurz vor dem Schlafengehen eine SMS mit folgendem Inhalt: „Es brennt in D.'s Zimmer, Rückruf bitte auf folgender Nummer."
Was soll man dazu sagen? Zwar haben wir Mitarbeiterinnen es uns zur Gewohnheit gemacht, abends nochmals unsere Diensthandys zu checken, aber just in diesem Fall lagen zwischen dem Absenden der SMS und dem Lesen der Nachricht doch ungefähr zwei Stunden. Der Adrenalinpegel stieg binnen Sekunden von 0 auf 100 und vor meinem geistigen Auge entstanden schreckliche Bilder von ausgebrannten Wohnungen und verkohlten Jugendlichen.
Der Rückruf auf gewünschter Nummer gab dann aber Entwarnung. Alle Bewohner erfreuten sich bester Gesundheit. Der Brand war mit vereinten Kräften gelöscht worden - nur die Wände hatten ihr Kleid von strahlendem Weiß in ein tieftrauriges Rußschwarz gewechselt.
Was war geschehen? D. hatte auf die damals hochmodernen Halogen-Deckenfluter seine Musikbox gepackt. So langsam aber sicher entwickelte sich daraus dann ein Schwelbrand, der aber durch einen aufmerksamen Mitbewohner mittels Löschdecke selbst behoben worden war. Was haben wir daraus gelernt?
1. Keine Halogen-Deckenfluter in Wohnräumen und
2. Es gibt nichts, was es nicht gibt - sei stets auf der Hut!

Susann Fischer

Bei solchen und ähnlichen Vorkommnissen mag man sich fragen, was einen geritten hat, freiwillig sein eigenes Nervenkostüm derartigen Strapazen auszusetzen.
Wahrscheinlich haben die positiven Erlebnisse die Oberhand behalten. Die Erfolge unserer Arbeit sind bisweilen durchschlagend, so dass wir immer wieder neuen Mut schöpfen.
Die „natürlichen Feinde" zeigen sich in der Regel dankbar genug (zumindest, wenn sie wieder einmal vor Formularen sitzen und nur „Bahnhof" verstehen und wir ihnen helfen, nicht dumm sterben zu müssen ...) Es gelingt ihnen immer wieder, sich in unser Herz zu schleichen. Deshalb lieben wir sie und machen weiter.

In unserer Arbeit verfolgen wir ein ehrgeiziges Ziel: Junge Menschen sollen an ihren Visionen festhalten und uns als vertrauensvolle Bezugspersonen erleben. Wir wollen möglichst umfassend alle Umstände berücksichtigen, systemisch denken und agieren, vielleicht verfolgen wir sogar hin und wieder das Ziel, möglichst perfekt zu sein.
Es ist tröstlich, wenn wir später erfahren, dass wir es zwar nicht zur Perfektion gebracht haben, dass dies aber gut so gewesen ist:

Es war Juli 2011 als ich in das Betreute Wohnen in der Eschersheimer Landstraße eingezogen bin. Ich war 17 und kam gerade aus einem Kinder- und Jugendheim und habe endlich meine lang ersehnte Kochausbildung angefangen. Meinen zukünftigen Betreuer und den Geschäftsführer kannte ich schon aus meinem erstem Hilfeplan-Gespräch. Hinzu kamen jetzt die anderen Betreuerinnen, die ich nun kennen lernen durfte. Wir unternahmen viele verschiedene Tätigkeiten, Ausflüge und

auch Freizeiten. Aber das schönste am Leben und an den Betreuern in der Eschersheimer Landstraße waren die Unterschiede. Ich meine, es ist doch langweilig, wenn alles gleich ist und jeden Tag das Gleiche passiert, oder? Menschen zeichnen sich meiner Meinung nach nicht durch Gleichheit aus. So auch die BetreuerInnen untereinander. Keine(r) glich dem anderen. Der eine konnte dies gut, der andere etwas anderes. Es sind die unterschiedlichen Kanten, die wir alle haben, die dann auch das Leben interessanter machen. Hinzu kommt noch, dass wir, die Jugendlichen ebenso unterschiedlich waren. Wir waren allesamt eine wilde bunte Gruppe. Deswegen gab es nicht die „perfekte" BetreuerIn während meiner Zeit als Jugendlicher im Betreuten Wohnen. Wenn es so etwas gibt, dann nicht als einzelne Person, sondern im Herzen des gesamten Teams. Es gibt keine(n) perfekte(n) BetreuerIn, denn es gibt auch keinen perfekten Menschen. Perfektion hängt immer vom Blickwinkel des Betrachters ab. Das Team war wie eine sensible Brücke, die, wenn man nur einen Pfahl entfernt hätte, komplett eingestürzt wäre. Wir sind alle Menschen und keine Maschinen. Wir können nicht immer alles auf Knopfdruck genauso erledigen wie wir es uns vorgestellt haben. Ich wurde aber jederzeit von allen BetreuerInnen in dem bekräftigt, was ich tun wollte, ebenso gebremst, wenn ich selbst nicht mehr die Bremse betätigen wollte. Das hat mir geholfen, immer das nächste Ziel zu erreichen. Das Leben ist keine gerade Linie, es hat Ecken, Kanten, Höhen, Tiefen.
Danke, dass Ihr mich durch einen Teil des Lebens so intensiv begleitet habt und nach wie vor für mich da seid, jederzeit.

(Jonny)

Wir begegnen vielen jungen Menschen aus den unterschiedlichsten Lebensumständen und Nationen. Diese Vielfalt ist ein Privileg, das jedoch auch Flexibilität und Offenheit erfordert.
Toleranz ist ein häufig benutztes Wort und in Zeiten, in denen Diskriminierung von Minderheiten wieder zunimmt und wir alle auf der Hut sein müssen, nicht den Farbenreichtum unserer Gesellschaft wieder zu verlieren, sind es oft genug unsere Jugendlichen selbst, die uns die Sorgen nehmen.

Ich erinnere mich an die Konstellation in einer unserer Wohngemeinschaften, die wir mit einigem Unbehagen betrachteten. Konnte das gut gehen?
Vor der einen Zimmertür standen Hausschuhe in der Form von weihnachtlichen Rentieren und durch die Türritzen drängte der überschwängliche Duft eines amerikanischen allzu süßen Parfüms, vor der anderen standen Turnschuhe in Übergroße, die den Gestank verwesender Tiere freigaben, und vor der dritten Tür standen gar keine Schuhe ...
... weil es hierfür im Flur einen Schuhschrank gab und die Bewohnerin für Ordnung war.

Jungen Menschen die Möglichkeit zu geben, etwas bei uns nachzuholen, das sie bislang nicht oder zu wenig hatten, war und ist einer der wesentlichsten Aspekte unseres Engagements. Ein Erfolgskonzept, wie sich bald zeigen sollte.
Bevor sie in ein eigenverantwortetes und sozial-verträgliches Leben, wie wir das oft ausdrücken, entlassen werden können, brauchen sie einen Raum, der ihnen ermöglicht, zunächst einmal zur Ruhe zu kommen.
Die Versorgung und Zuwendung, die sie erhalten, ist oftmals die Grundlage dafür, ob eine Verselbständigung wirklich gelingt.

Die Kooperative Erziehungsarbeit e.V. hat ihre Plätze im Betreuten Wohnen immer wieder erweitert. Zuletzt 2014. Mittlerweile ist dieser Bereich auf 20 Plätze angewachsen.
Wir haben fünf Wohngemeinschaften für zwei, drei und sechs junge Menschen, sowie sechs Appartements.

Jugendliche in unseren betreuten Wohngemeinschaften können sich ihre MitbewohnerInnen nicht aussuchen. Ganz im Gegensatz zu privaten WG's, die potentielle neue Wohngenossen vor dem Einzug regelrechten Castings unterziehen, müssen unsere Jugendlichen sich flexibel auf die jeweiligen Eigenarten ihrer Mitbewohner einstellen und viele Kompromisse für ein gedeihliches Zusammenleben eingehen. Dass dies nicht immer spannungsfrei abläuft, dürfte klar sein. Es gab aber in der Vergangenheit immer wieder Konstellationen, die trotz allen Unterschiedlichkeiten hervorragend funktionierten. Besonders im Gedächtnis geblieben ist mir dabei die Zusammensetzung einer unserer Dreier-WG's in den Jahren 2005/2006.
Es lebten damals eine junge Frau und zwei junge Männer zusammen. Erst einmal nichts Ungewöhnliches, zumal wir schon immer das Konzept der gemischtgeschlechtlichen Gruppen bevorzugten.
Auf den zweiten Blick allerdings war diese Gruppe schon etwas Besonderes, da sich hier ein bunter Strauß der von Diskriminierung in unserem Land noch immer betroffenen Menschen abbildete. Es lebten nämlich eine körperlich behinderte junge Frau, ein homosexueller junger Mann und ein junger Mann mit afroamerikanischen Wurzeln zusammen. Die Gruppe selbst war sich der besonderen Konstellation bewusst: Sie sprachen von sich als der „Minderheiten-WG". Aber auch ganz liebevoll von „unserer kleinen Familie". Jeder hatte seinen Platz in diesem Gefüge gefunden und profitierte von gegenseitigem Respekt und Toleranz.
Gemeinsame Unternehmungen fanden ebenso statt wie ausgedehnte Gesprächsabende in der WG-Küche. Das Regiment führte die junge Frau: Sie sorgte dafür, dass die Jungs „spurten" und gewissenhaft ihre Putz- und Kochdienste ausführten.
Fast zwei Jahre lebten diese drei jungen Menschen zusammen und haben sich durch ihre Offenheit und Lust am Zusammenleben tief in unsere Herzen gegraben.

Susann Fischer

Mein erster Tag

Es war alles neu für mich und ich kannte keinen. Da, wo ich herkomme, gibt es solche Einrichtungen nicht. Betreutes wohnen kennt da keiner. Anfangs kam mir alles ein bisschen komisch vor, weil alle so nett zu mir waren. So etwas kannte ich auch noch nicht. Es gab keinen Stress mehr. Mein Kopf war befreit von Problemen, die mich belastet hatten.
Mit der Zeit habe ich alle kennen gelernt. Ich war glücklich und zufrieden, dass mein Leben so weitergehen konnte, wie ich es mir erhofft hatte.

Das Leben ist wie Zeichnen ohne zu radieren. Manchmal zeichnet man irgendeinen Mist -- öfters ungewollt, um ehrlich zu sein. Das Betreute Wohnen sehe ich wie eine zweite Hand, die die Hand des Zeichners davor bewahrt, weitere Fehler zu machen oder mit dem Stift abzurutschen. Das Betreute Wohnen hat mir beigebracht, wie ich es in Zukunft alleine schaffen kann.
Das waren nicht nur irgendwelche Leute, die ihre Arbeit machten. Das waren Menschen, die mit Herz und Seele arbeiteten und die Verantwortung für uns übernommen haben. Dieses Team versucht jeder Zeit für die Jugendlichen da zu sein, aber auch ich habe anderen was beigebracht. Ich habe gelernt, wie gut es ist, für jemand da zu sein.
Ich bin neulich in meine eigene wohnung gewechselt und hatte ganz schön Angst davor. Es gab auch ganz schön viel Chaos, aber ich habe wirklich viel gelernt und für das, was ich nicht erledigen konnte oder das ich nicht verstanden habe, war auch jetzt wieder wer da. Jetzt bekomme ich noch Nachbetreuung. Sechs Monate sieht mein Mentor nach mir. Ein beruhigendes Gefühl!
Danke für alles!

S., 20 Jahre

Nicht allen Jugendlichen jedoch gelingt es sich einzulassen. Nicht alle können die Hilfe annehmen. Manche der jungen Menschen haben wir auf dem Weg verloren.
Jedes einzelne Scheitern war schmerzhaft. Hilfen zu beenden, weil die vereinbarten Ziele nicht zu erreichen sind, empfinde ich bis heute als Kapitulationserklärung, und dennoch passiert es immer mal, dass wir unerreichter Dinge auseinandergehen müssen.
Wir hoffen, dass diese Ehemaligen sich trotzdem an das eine oder andere erinnern können, von dem sie profitiert haben. Vielleicht konnten wir wenigstens für die Zeit, in der diese Jungen und Mädchen bei uns gelebt haben, manchmal unsere Hilfe anbieten.
Jede/r Einzelne von ihnen hat Spuren hinterlassen – zumindest bei uns.

Und wie geht es den Eseln?

In den vielen Jahren, die seit unserer Gründung vorüber gegangen sind, habe ich immer wieder nach ihnen gesehen. Die Kinder, die heute im Kinderheim leben, wissen nicht mehr, woher sie stammen. Manchmal erzähle ich ihnen die Geschichte ihrer Herkunft und sie hören geduldig zu. Ich glaube aber, sie verstehen nicht wirklich, was ich ihnen erzähle. Wie auch?
Im Gegensatz zu uns sind die Esel keinen Tag älter geworden. Wie machen sie das nur?

Wir haben oft daran gedacht, mit dem Kinderheim umzuziehen. Das Haus kommt mir manchmal doch ziemlich klein vor. Manche der Kinder müssen sich ein Zimmer teilen. Schon immer war das ein Problem. Wir melden einen freien Platz, der in einem Zimmer ist, in dem ein Junge wohnt, aber angefragt wird ein Mädchen … oder umgekehrt.
Das bedeutet bis heute, dass die Kinder immer wieder umziehen müssen. Im Einzelfall kann das eine ziemliche Kettenreaktion auslösen. Um ein neues Kind aufnehmen zu können, ist es häufig notwendig, die Zimmer völlig neu zu verteilen. Im Extremfall kann das sogar bedeuten, dass eines von ihnen das begehrte Einzelzimmer gegen ein Doppelzimmer tauschen muss. (Es gibt Kinder, die schon in nahezu jedem Zimmer des Hauses gelebt haben.) Ich habe mich oft gewundert, wie offen unsere Kinder mit dieser Situation umgegangen sind, wie wenig Beschwerden es gab. Ein kurzes Gemaule und dann siegte jedes Mal die Einsicht oder zumindest das klein beigeben.
Vielleicht wäre ein größeres Haus doch besser? Wann immer ich meine Umzugsidee unterbreitete, wurde ich gebremst. Die Atmosphäre sei einmalig, das Haus wunderbar und niemand, außer mir, würde auch nur einen Gedanken daran verschwenden, woanders hinzuziehen.
Vielleicht haben sie recht, und wir sollten bleiben.
Nur einmal haben wir trotzdem konkrete Überlegungen angestellt, weil uns ein Haus angeboten worden war. Sobald einem Jugendhilfeträger in Frankfurt eine geeignete Liegenschaft angeboten wird, entsteht schon fast ein Sog, auch etwas damit anstellen zu müssen, so rar sind die Möglichkeiten.
Wir haben mit dem Gedanken gespielt, ein zweites Kinderheim zu gründen, oder mit dem Kinderheim „An den 3 Steinen" umzuziehen.

Die Kalkulation stand, die Konzeption auch, und die Überlegungen zusammen mit einem Architekten, welche Umbauten notwendig werden würden, waren bereits vorangeschritten. Wir hatten wiederholt das Haus besichtigt und jedesmal spürten wir mehr, dass wir Gefahr liefen, in die falsche Richtung zu marschieren. Das Haus blieb uns fremd. Ganz anders als damals. Das Haus, aus dem später das Kinderheim „An den 3 Steinen" wurde, erschloss sich uns, als wir das erste Mal die Tür geöffnet hatten, und mit jedem weiteren Gang durch die Zimmer waren wir mehr eins mit ihm geworden. Wir würden wieder zwei Jahre über unsere Grenzen belastet sein, bis zum Anschlag arbeiten müssen. Solange braucht man in der Regel, um eine Neugründung „zum Laufen" zu bringen. Diesmal würden wir nicht mit Vollbelegung starten können, es sei denn, wir würden das Kinderheim „An den 3 Steinen" tatsächlich aufgeben. Und in dem Moment, als wir uns eben dies vor Augen hielten, wussten wir, dass wir die Notbremse ziehen mussten. Wir würden unsere Heimat verlieren, die Kernzelle unseres Trägers ... Selbst, wenn wir die Esel mitgenommen hätten (und es stand außer Frage, dass wir dies getan hätten), es wäre niemals wieder so geworden, wie es heute ist.
Es ist niemals gut, sich das eigene Fundament unter den Füßen wegzuziehen, und aus unserer Geschichte hatten wir eins gelernt: Man sollte immer seiner Intuition trauen und die sagte uns, dass wir bleiben sollten, wo wir waren.
Das verstanden auch die MitarbeiterInnen der Grundsatzabteilung des Frankfurter Jugendamtes. „Oh wie schön ist Panama." Das gleichnamige Bilderbuch von Janosch kam der für uns Zuständigen in den Sinn und auch wir erinnerten uns: „Manchmal ist das, was man bereits besitzt, genau das Richtige." [4]

Es gab immer wieder Pläne, die wir umgesetzt haben und andere haben wir verworfen. Dennoch sind wir heute froh, dass wir manche Vorhaben nicht umgesetzt, sondern uns auf bestehende Werte besonnen haben. Wir sind nicht stehen geblieben.

---

[4] *„Oh, wie schön ist Panama", Bilderbuch, Janosch, Antje Bones, Xenos, 2006*

Auch die Heimleiterin hat noch einmal gewechselt. Nachdem die Vorgängerin sich nach langer, guter Zusammenarbeit verabschiedet hatte, um sich einer anderen Aufgabe zu stellen, und wir drei Jahre ohne Leitung vor Ort gearbeitet haben, wurde deutlich, wie notwendig Aufgaben- und Kompetenzverteilung geworden waren. Wir entschieden uns, eine neue Leiterin einzustellen und hatten wieder das Glück, eine Pädagogin gefunden zu haben, die mit viel Engagement und Erfahrung das Haus ganz in unserem Sinn seit 2012 führt.

Je größer unser Aufgabengebiet geworden ist, je weitreichender wir uns Anforderungen stellen mussten, desto wichtiger wurde es, die Verantwortung zu teilen. Wir stellten ein Leitungsteam zusammen, beziehungsweise erweiterten dessen Kompetenzbereich. Die Kooperative Erziehungsarbeit e.V. muss auch manövrierfähig sein, sollte ich mal nicht präsent sein können. Meine Frau übernahm nun auch offiziell das Amt, das sie schon lange inne hatte und wurde stellvertretende Geschäftsführerin.
Bis heute sitzen wir mit den Leitungen und MitarbeiterInnen zusammen und überlegen, was wir besser machen können, was wir erhalten und was wir über Bord werfen wollen.

„Was ist eigentlich das Besondere Ihrer Einrichtung?" Das bin ich oft gefragt worden.
Wir stellen die Kinder und Jugendlichen in den Mittelpunkt unserer Betrachtung, orientieren uns ganz individuell an ihren Fähigkeiten und Bedürfnissen. Vielleicht ist es das?
Und wir sind auf der einen Seite so etwas wie ein Familienbetrieb und fühlen uns gemeinsam verantwortlich für das „Große und Ganze", sind aber andererseits auch ein modernes Unternehmen mit der Einsicht, erfolgreich wirtschaften zu müssen. Eine gute Mischung also.
Unsere Aufmerksamkeit ist dennoch nicht nur auf Expansion und Effizienz gerichtet, sondern immer auch darauf, dass Dinge, die uns wichtig erscheinen, bewahrt werden. Unsere MitarbeiterInnen machen nicht nur einen Job. Sie sind engagierte Persönlichkeiten, die füreinander und für die Jungen und Mädchen, die bei uns leben, einstehen. Man braucht Mut, sich als Person anzubieten und tragfähige Beziehungen einzugehen und keine/r unserer MitarbeiterInnen möchte auf diese intensive Arbeit verzichten.
Es gibt viele Faktoren, die ineinander greifen. Nicht alle können hier erwähnt werden, nicht alle fallen mir ein. Für jede/n Einzelne/n ist etwas anderes wichtig, und alles zusammen wird die Mixtur, die uns ausmacht.

Die Hilfeplanung – Bestandteil unserer Arbeit

Alle gewährten Jugendhilfemaßnahmen werden in regelmäßigen Abständen geplant und überprüft. Hierzu finden für und mit allen Kindern, Jugendlichen und jungen Erwachsenen, die wir betreuen, Hilfeplankonferenzen statt.
Wir kommen für ein besseres Verständnis nicht drumherum, uns für einen Moment mit diesem Begriff zu beschäftigen: Hilfeplankonferenz oder wie mittlerweile üblich: Hilfeplangespräch.

> *„Pflege und Erziehung der Kinder sind das natürliche Recht der Eltern und die zuvörderst ihnen obliegende Pflicht. Über ihre Bestätigung wacht die staatliche Gemeinschaft" (Artikel 6 Abs. 2 Grundgesetz, §1 Abs. 2 SGB VIII).*

In den Empfehlungen der Landesjugendämter „Qualitätsmaßstäbe und Gelingungsfaktoren für die Hilfeplanung gem. § 36 SGB VIII", beschlossen auf der 118. Arbeitstagung der Bundesarbeitsgemeinschaft der Landesjugendämter im Mai 2015 in Kiel, heißt es:

> *Die grundsätzliche Verpflichtung zur Hilfeplanung findet sich in § 36 Abs. 2 SGB VIII. Diese bezieht sich auf alle Hilfen, die voraussichtlich für längere Zeit zu leisten sind und umfasst die*
> - *Hilfe zur Erziehung gemäß § 27 ff. SGB VIII,*
> - *Eingliederungshilfe nach § 35a SGB VIII,*
> - *Hilfe für junge Volljährige gemäß § 41 SGB VIII.*

Ein komplexes Verfahren, dass ich am besten erkläre, in dem ich weiter aus den besagten Empfehlungen der Landesjugendämter von 2015 zitiere:

> *Der Hilfeplan ist das Protokoll des Hilfeplangesprächs, dessen Richtigkeit durch die Unterschriften der Beteiligten bestätigt wird. Er ist kein Verwaltungsakt im Sinne des § 31 SGB X. Er konkretisiert den bestehenden Rechtsanspruch, hat jedoch keine eigene Rechtsverbindlichkeit. Der Hilfeplan dokumentiert die notwendige Beteiligung, die identifizierten Problemfelder und Lösungsansätze, sowie die Kontrolle von Zielen und Handlungsschritten und ist somit das Instrument zur Steuerung der Hilfe. Die Fortschreibung des Hilfeplans geht immer mit einer Überprüfung des Zielerreichungsgrades und der ggf. erforderlichen Nachjustierung der Hilfe einher." (S.12). …*

Mit dem SGB VIII wurde der Hilfeplan als zentrales fachliches Steuerungsinstrument für die einzelfallbezogene Hilfe zur Erziehung, die Eingliederungshilfe für Kinder und Jugendliche mit seelischer Behinderung und die Hilfe für junge Volljährige eingeführt. Zentrale fachliche Standards – die Beteiligung der Leistungsberechtigten und der Kinder und Jugendlichen, das Zusammenwirken der Fachkräfte und die regelmäßige Überprüfung – wurden gesetzlich verankert … (S.7)

… Eine erfolgreiche Hilfeplanung gemäß § 36 SGB VIII erfordert sowohl multiprofessionelle Perspektiven und Überlegungen als auch abgestimmte Schritte und Verfahren, die ohne diese im Gesetz geforderte Zusammenarbeit nur schlecht zu realisieren wären. (S. 58)

Man hat sich seitens der Verantwortlichen aus den Jugend- und Landesjugendämtern viel Mühe gemacht, verbindliche Standards festzulegen. Dagegen ist erst einmal nichts zu sagen.
Oftmals aber entstehen völlig absurde Situationen:
Um den Formalitäten zu genügen, müssen Ziele mit Unterzielen benannt und schriftlich fixiert werden. Viele unserer Jugendlichen, nicht nur die, die unsere Sprache noch nicht sicher beherrschen, sondern auch andere, können mit dem Prozedere nicht immer viel anfangen.
Sie sehen sich in der Verantwortung, in ganzen Sätzen zu sprechen, Zielsetzungen zu reflektieren und Perspektiven für die Zukunft zu entwickeln. Oft wird dies als Prüfungssituation erlebt und führt dazu, dass Blockaden spürbar werden … Mit ihnen meist doch sehr unvertrauten SozialarbeiterInnen, die zudem häufig genug wechseln, sollen sie über Befindlichkeiten und Probleme sprechen. Jugendlichen fällt dies generell schwer. Bisweilen aber ist es in anderen Kulturen völlig unüblich, mit Problemen „nach außen" zu treten.
Wir helfen, wo wir helfen können, schlagen Formulierungen für die aufs Papier zu bannenden Haupt- und Unterziele vor, nach denen besonders die noch jungen und unerfahrenen Kolleginnen aus den Sozialrathäusern oft genug selbst suchen:
Hauptziel: „XYZ ist verselbständigt". (Muss dies erwähnt werden? Das Betreute Wohnen hat keinen anderen Sinn, als die jungen Menschen auf eigene Beine zu stellen, wie man so schön sagt.)
Unterziel 1: „XYZ ist in der Lage, seinen Haushalt zu führen …"
Unterziel 2: „… kann sich gesund ernähren."
Unterziel 3: „führt ein sozial verträgliches Leben und ist befähigt, verantwortlich zu wirtschaften …"
An anderer Stelle des Hilfeplans taucht vielleicht auf:
„XYZ hat seine belastende Familiengeschichte aufgearbeitet … hat gelernt, sich abzugrenzen …

kann seine eigenen Bedürfnisse äußern … achtet darauf, regelmäßig zum Arzt zu gehen und bewegt sich regelmäßig … hat sein Gewicht reduziert und hat Freunde gefunden … und hat seine psychische Stabilität wieder erlangt …"

… oder was auch immer.

So in etwa wird das Ergebnis mitsamt Zielsetzung zusammengefasst, und der Verlauf dieser Gespräche orientiert sich an den strukturellen Vorgaben des Formulars, das in einem Klemmordner steckt. Was, um Himmels willen, gibt es da schon wieder zu meckern?

Nichts. Gar nichts.

Ich beobachte nur, wie sich die jungen Leute oft schwer tun.

Stellt man sich vor, dass die, aus denen üblicherweise schon kein Wort herauszubringen ist, und die Monate brauchen, um uns wenigstens in kleinen Angelegenheiten vertrauen zu können, zuvor jahrelang um ihr Leben bangen mussten, wird einiges deutlich. Einer von ihnen hat nach einem Hilfeplangespräch, dessen Inhalt er nicht wirklich verstanden hat, wie er zugab, einen Satz gesagt, den man nicht so schnell wieder vergessen kann:

> Ich träume jede Nacht, jemand hätte auf mich geschossen.
> Mein einziges Ziel ist gewesen, nicht zu sterben.

Irfan S., 18 Jahre

Nicht nur diese Jugendlichen haben oft das Gefühl zu versagen, wenn sie zugeben, dass ihnen die klaren Ziele abhanden gekommen sind. Jemand, der zuvor kaum jemals nach seinen Bedürfnissen und Zielen gefragt worden ist, hat keine Ahnung, wie er diese plötzlich ausdrücken soll. Viele unserer Jugendlichen sind ja gerade bei uns, weil sie viel von dem, was man von ihnen erwartet, noch gar nicht können. Über Gefühle reden zum Beispiel. Aber ohne Zielsetzung keine Hilfegewährung. Dabei wissen sie an manchen Tagen nicht mal, ob es ihnen gut oder schlecht geht.

Ganz und gar abstrus kann es werden, wenn die noch jüngeren Kinder mit diesem Prozedere traktiert werden.

Es ist vorgekommen, dass Sozialarbeiter unsere Kinder fragen, was diese von der ihnen gewährten Jugendhilfe erwarten, obgleich bekannt sein dürfte, dass diese oftmals nicht mal die Gründe formulieren können, warum sie überhaupt bei uns leben (müssen). Sie wissen nicht, dass man dies Maßnahme nennt. Sie können nicht beschreiben, was sie erlebt haben und drücken dies, wie eines unserer jüngsten Kinder, höchstens in ihren Bildern aus.

Trotzdem werden sie ermutigt, eigene Ideen beizusteuern, die dann im Jugendamt mit einem Fachteam und den MitarbeiterInnen der Wirtschaftsabteilung besprochen werden.
Nicht, dass Kinder keine Ideen hätten und schon aufgrund der Partizipationskonzepte, die in aller Munde sind, mitbestimmen sollten ... doch Ziele für die eigene Hilfe formulieren können sie trotzdem oftmals nicht. Bisweilen hat das, was sie zu Hause erlebt haben, mit Missbrauch und Drogenkonsum zu tun. Es ist keine Seltenheit, dass Kinder erst bei uns erleben, dass es zu regelmäßigen Zeiten gemeinsame Mahlzeiten gibt und alles in mehr oder weniger geordneten Bahnen läuft.
Es ist selbst für die älteren oftmals schwierig, über ihre Erlebnisse zu sprechen, weil ihnen ihre Familien „heilig" sind. Sie würden nie etwas Schlechtes über ihre Vergangenheit erzählen.

Hilfeplangespräche können demnach zu einer echten Zerreißprobe werden, besonders dann, wenn zum Ende alles in einem schier endlos erscheinenden Prozedere nochmals vorgelesen wird, damit alle Beteiligten mit ihrer Unterschrift besiegeln können, was gemeinsam vereinbart wurde.
Insbesondere jüngere Kinder im Vorschulalter schützen wir und ersparen ihnen die Teilnahme oder holen sie nur für einen kurzen Teil dazu. Ihnen die Ergebnisse der Planung mitzuteilen, erscheint mir oftmals wenig kindgerecht. Dennoch kann ich es nicht verhindern, dass es manchmal von besonders engagierten SozialarbeiterInnen getan wird. Was die Kinder wirklich interessiert, ist, ob sie ein Fahrrad bekommen.

Dass keine Missverständnisse entstehen: Auch ich bin der Meinung, dass junge Menschen mitarbeiten müssen, dass sie lernen sollen, Verantwortung zu übernehmen und dass der Staat viel Geld in die Jugendhilfe investiert und dieses Geld auch zu rechtfertigen sein muss. Ich frage mich nur, was meine Töchter damals gesagt hätten, wenn ich sie gefragt hätte, welche Ziele sie innerhalb des nächsten halben Jahres in unserer Familie erreichen möchten und wie wir diese aufschreiben und überprüfen können. (Ich höre schon, wie die KritikerInnen behaupten werden, dass meine Beispiele all zu abstrus und die Situationen nicht vergleichbar sind.) Mag sein. Aber die Kinder? Kinder sind doch miteinander vergleichbar, egal wo sie leben. Oder?

Was ist mit denen, die ihre Ziele erreicht haben?
Im Einzelfall ist das gar nicht gut, weil es dann nämlich keinen Grund mehr zur Fortführung der Hilfe gibt. Ich habe in den letzten zwanzig Jahren mehr als einmal mit all zu „erfolgreichen" Jugendlichen geredet, die ihrer Angst, entlassen zu werden, Ausdruck verliehen haben, und andere haben sich schnell vor der drohenden Beendigung der Hilfe dazu entschieden, ein neues Problem zu kreieren.
Neulich saß ich in einem Hilfeplangespräch für einen kleinen Jungen, der tatsächlich alle Ziele erreicht hatte. Das war erfreulich. Wir konnten ihn weit vor Erreichen des Wechsels in die Grundschule „bereits ins eigenverantwortete Leben" entlassen … Er war ziemlich verblüfft, als wir spaßeshalber gesagt haben, er dürfe ausziehen …

Den meisten von uns ist der Spagat, den wir irgendwie meistern müssen, um alle Formalitäten erfüllen zu können, also bewusst. Übrigens: Der Junge durfte noch bleiben, nachdem er uns einen Vogel gezeigt hatte und uns daran erinnerte, noch nicht mal kochen zu können.

Manchmal hänge ich den alten Zeiten nach und frage mich, was aus den Gesprächen geworden ist, die wir früher mit unseren KollegInnen aus dem Jugendamt geführt haben? Anstelle miteinander in Kontakt zu kommen und über die Situation des jungen Menschen zu sprechen, werden für meine Begriffe zu oft Formulare abgearbeitet, die Ziele vom letzten Mal verlesen und der Erfolg der Hilfe überprüft. Wie kann man Erfolg messen? Das ist auch immer wieder so eine Frage. Wir können in Erfahrung bringen, ob die Kinder regelmäßig in der Schule waren, aber wie es in ihrem Inneren aussieht, bekommen wir nur erzählt, wenn sie sich in unserer Gegenwart wohl fühlen und uns vertrauen. In Hilfeplangesprächen fühlen sich die Kinder, Jugendlichen und jungen Erwachsenen oftmals nicht recht wohl und zeigen dann Verhaltensweisen, die sich von denen, die wir kennen, stark unterscheiden.

Die Standardisierung und Ausrichtung an Rastern hat einmal mehr Blüten getragen, und ich habe mich schon oft gefragt, wofür das gut ist.
Auch wenn viele KollegInnen aus den Sozialrathäusern ganz wunderbare Wege gefunden haben, mit den Formalitäten umzugehen, es bleibt das Gefühl einer Ermüdung, denn in meiner wirklich nicht repräsentativen, ganz persönlichen, und damit sehr ungerechten und einseitig betrachteten Auswertung der letzten hundert Hilfeplangespräche, bin ich zu dem Entschluss gekommen, dass das Prozedere so nicht bleiben sollte. Wir alle müssen neu denken, wenn Regeln zu starr geworden sind und der Kostendruck über allem schwebt und jede Kreativität zu fressen droht.
Persönliche Ressourcen und Kompetenzen dürfen nicht in einem starren, wenig an der realen Lebenssituation der jungen Leute ausgerichteten Prozedere untergehen. Stellen wir uns doch nur mal vor, wie es uns selbst als Jugendliche gegangen wäre, man hätte so mit uns geredet …

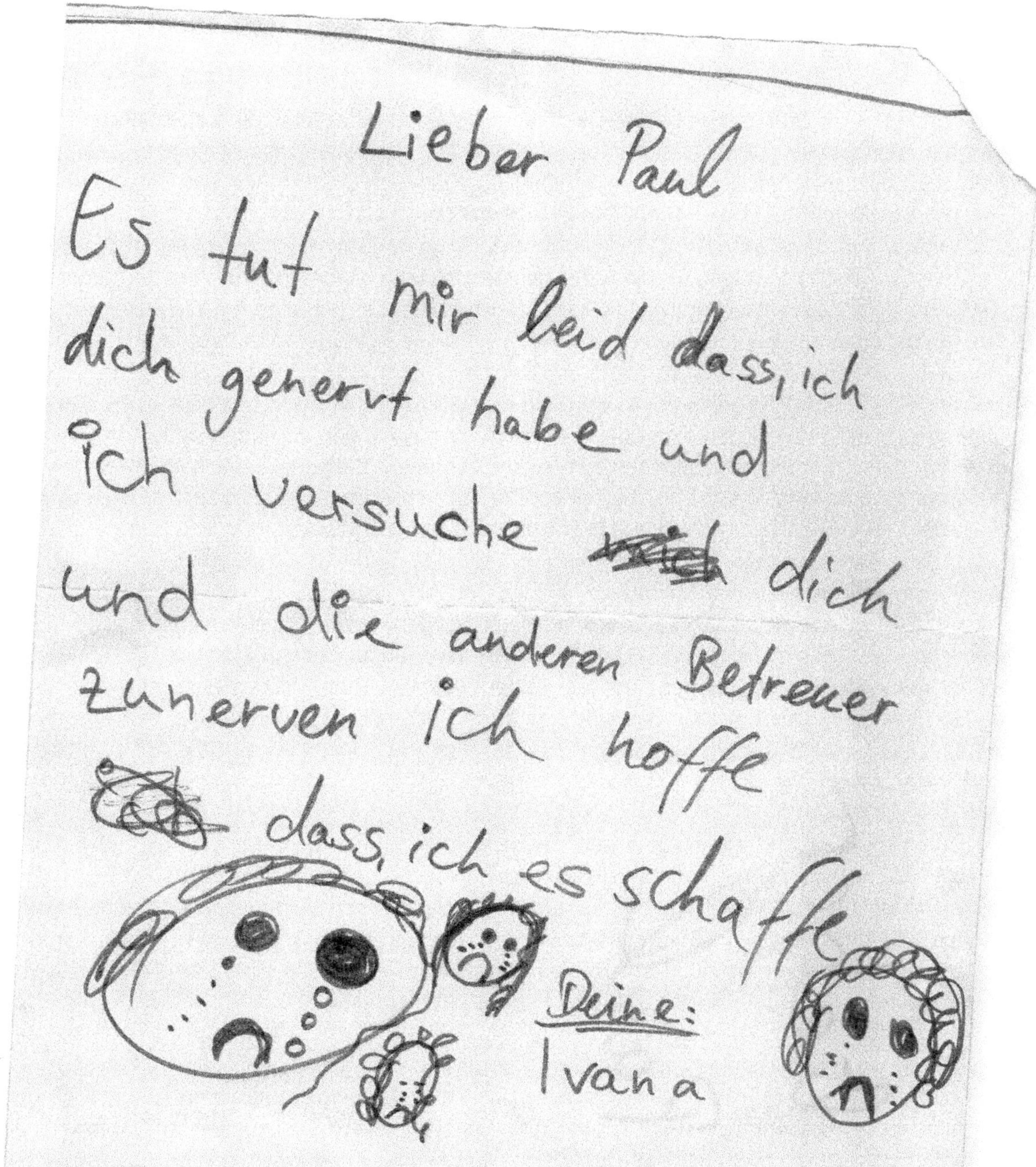
Lieber Paul
Es tut mir leid dass, ich
dich genervt habe und
ich versuche dich
und die anderen Betreuer
zunerven ich hoffe
dass, ich es schaffe
Deine:
Ivana

Wir sollten uns die Zeit nehmen, einige Dinge gemeinsam zu reflektieren. Zum Beispiel das Thema: Vertragsunterzeichnung. Momentan unterschreiben alle Anwesenden des Hilfeplangespräches ein Formblatt, dass später an das Hilfeplanprotokoll, das aber noch gar nicht vorliegt, angeheftet wird. Eine prospektiv geleistete Unterschrift. Das ist auch wieder so was.
„Du unterschreibst keinen Vertrag, den wir nicht zuvor gemeinsam durchgegangen sind", belehren wir unsere Jugendlichen. Wenn wir dies ernst nehmen, müssen wir unsere Unterschriften verweigern – solange, bis wir alle wissen, um was es geht. Manchmal geht es nur über den Weg, etwas nicht zu tun, um darauf aufmerksam zu machen, dass manche Dinge nicht mehr sinnstiftend sind …

… wenn wir schon nach Standards arbeiten und feststellen, dass in vielen Hilfeplanprotokollen ganz unterschiedlicher Jugendlicher die selben Ziele und Formulierungen zu finden sind, warum entwickeln wir dann nicht einen Fragebogen zum Ankreuzen und nutzen die Zeit lieber zum Reden und gegenseitigem Kennenlernen? Ich meine diesen Vorschlag wirklich ernst. Das Suchen nach gut formulierten Zielvereinbarungen hat uns in der Arbeit selten voran gebracht.

Wohl auch aufgrund der immer umfangreicheren Verwaltungsaufgaben lassen die Protokolle, die immerhin als Arbeitsgrundlage dienen, oftmals länger auf sich warten. Manche kommen erst Monate später oder erst nach mehrfachem Nachfragen. Viele erkennt man dadurch, das Passagen aus letzten Hilfeplänen einfach kopiert wurden. Anträge werden spät bearbeitet, wichtige Unterstützungen können nicht zeitig installiert werden. Alle sind überfordert und überlastet. Ich glaube, dass es hilfreich wäre, einige Verwaltungsaufgaben zu überdenken. Vielleicht können wir auf das ein oder andere doch verzichten.

Im Laufe der vielen Jahre ist unsere Arbeit schwieriger geworden. Nicht nur, weil die Jugendlichen mehr Probleme mitbringen, sondern weil die Aufgaben vielfältiger geworden sind.
Schon immer haben wir Flüchtlinge betreut, aber seit einigen Jahren steigt die Zahl derer, die in ihren Ländern nicht mehr bleiben können und deren Erlebnishintergrund ein anderer ist. Auch aufgrund bestehender Sprachprobleme und unterschiedlicher kultureller Prägung unterscheiden sie sich von anderen Kindern und Jugendlichen aus sogenannten „Problemfamilien".

Die Betreuung von Flüchtlingen, von denen wir nicht wissen, was sie erlebt haben, mit denen es oftmals in den ersten Monaten kaum möglich ist, sich zu verständigen und deren kulturelles Leben sich uns erst erschließen muss, bevor wir die Zusammenhänge verstehen können, stellt ganz eigene Anforderungen an uns und unsere Konzepte. Einer dieser jungen Menschen, damals 19, erzählte mir in einem Tür- und Angelgespräch folgendes:

Ich war viele Monate auf der Flucht, mehrfach in Gefängnissen, habe Menschen auf der Straße neben mir sterben sehen. Ich hatte Hunger, Angst selbst zu sterben ... und dann kam ich irgendwann hierher. Plötzlich hieß es: Du musst dein Zimmer aufräumen und wenn du weggehst, musst du sagen, wohin und wann du wieder da bist, weil wir uns sonst Sorgen machen. Das war ziemlich komisch ... Ich hab geglaubt, ihr verarscht mich, aber ihr habt es tatsächlich so gemeint.

Uns fehlt es an Verständnis. Niemand von uns ist jemals in einer vergleichbaren Situation gewesen, und unser Wissen um die Dinge, basierend auf den uns zugänglichen Berichten, ist lückenhaft. Oftmals können wir uns nicht vorstellen, was diese Jugendlichen und jungen Erwachsenen tatsächlich erlebt haben.
Einige von ihnen waren unmittelbar Zeuge von Erschießungen, haben ihre Familie verloren. In den Verstrickungen, die Kriege mit sich bringen, haben sie bisweilen auch selbst getötet. Darüber schweigen sie. Alle schweigen darüber. Auch darüber, dass sie während ihrer Flucht Folter, Misshandlung und Verschleppung ausgesetzt gewesen sind. Wir haben eine Ahnung davon, wie sehr dies Menschen verändern muss und spüren, dass die Probleme, mit denen wir uns herumplagen, verglichen mit ihren eher kleine sind …

… und die anderen, die vielleicht nicht fliehen, aber dennoch aus ihren Familien heraus mussten gibt es auch noch. Sie brauchen eine ganzheitliche „Rund-um-die-Uhr"-Versorgung, wenn sie klein sind, und sobald sie groß geworden sind, wissen sie alles besser und können alles alleine … ganz wie zuhause. Das ist das Schöne an unserer Arbeit. Vieles ist wie zu Hause …

In den letzten 20 Jahren haben wir so in etwa 200 junge Menschen betreut. 45 Prozent davon Mädchen und 55 Prozent Jungen. Die Jüngsten kamen gerade in den Kindergarten, die Ältesten waren schon Mitte zwanzig, als sie (endlich) auszogen.
Sie alle sind unterschiedlich lang geblieben. Es gab welche, die waren nach vier Tagen schon wieder weg. Andere blieben, weil es ihnen so gut gefallen hat, gleich 16 Jahre.
In einem Fall hat sich ein Jugendlicher geweigert auszuziehen. Er lebte in einer unserer Wohngemeinschaften, die Hilfe war beendet, das Abschlussgespräch geführt, er aber blieb und weigerte sich zu packen … Es waren mehrere Gespräche notwendig, bis die Eltern bereit waren, den jungen Mann bei sich aufzunehmen und bei uns abzuholen.

Nur zehn bis zwölf Prozent der Hilfen wurden ohne Zielerreichung abgebrochen. Damit liegen wir deutlich unter dem Schnitt.

20jähriges Bestehen „Kooperative Erziehungsarbeit"

Anlässlich des 20jährigen Bestehens des Vereines „Kooperative Erziehungsarbeit" kam die Idee auf, einige Zeilen zu schreiben.

Als frühere Gruppenkollegin habe ich drei Jahre mit Robert Becker zusammengearbeitet. Ich war noch jung und verließ das Kinder- und Jugendheim, um zu studieren. Lose Kontakte sind aber zu meinen alten KollegenInnen geblieben und so bekam ich einige Veränderungen mit und wurde über den Plan, einen eigenen Verein zu gründen, informiert. Ich wurde gefragt, ob ich bereit wäre, als Gründungsmitglied meine Unterschrift zu leisten. Ich habe nicht lange nachgedacht und wollte das Vorhaben gerne unterstützen, und so kam es, dass ich seit nunmehr 20 Jahren als Mitglied in unserem Vereinsvorstand fungiere.

Alle drei Monate treffen wir uns für ca. zwei Stunden und werden auf den aktuellen Stand der Dinge gebracht. Einmal im Jahr wird in der Jahresvollversammlung die finanzielle Dimension dargelegt.

In 20 Jahren ist natürlich einiges passiert und es wurde viel geleistet. Neugründungen, Erweiterungen, Umzüge, Renovierungen oder auch Auflösungen von einzelnen Abteilungen. Dem guten Geschmack von Robert und Elisabeth ist es zu verdanken, dass die Räumlichkeiten, in denen die Kinder und Jugendlichen leben, als auch die Büro- und Besprechungsräume, eine besondere „Note" bekommen haben. Als „Außenstehende" hatte ich immer den Eindruck: „Hier kann man sich wohl fühlen und es wird gut für einen gesorgt."

Meine ehrenamtliche Tätigkeit hat mir immer gut gefallen, weil ich auf diesem Weg eine langjährige Verbindung pflegen und einen langen Prozess mitverfolgen konnte.

Ich wünsche dem Verein und seinen MitarbeiterInnen auch weiterhin gutes Gelingen, denn es ist eine der wichtigsten Aufgaben, Kinder und Jugendliche auf ihrem Weg ins Erwachsenenleben zu begleiten und zu unterstützen.

Susanne Ganz

„Du wirst es sehen: Ich gehe nach Amerika“

Die erste Geschichte, die wir hören, hat Yassi mir geschickt. Sie war damals im Bürgermeister-Gräf-Kinderheim und hat dort in unterschiedlichen Gruppen gelebt. Zum Schluss in unserer. Sie gehört zu den Kindern, die damals mit uns umgezogen sind.
Ich erinnere mich: In ihrem Zimmer herrschte Chaos. Sie saß fast immer auf ihrem Bett und las. Sie lebte in ihrer eigenen Welt, und immer wieder zeigte sie auf ihre Amerika-Fahne. „Da will ich später hin“, sagte sie – auch eine ihrer Phantastereien.

Wie wir nach langer, unbeabsichtigt herbei geführter Sendepause wieder in Kontakt gekommen sind, weiß ich nicht mehr genau. Die Geschichte ist bereits vor ein paar Jahren bei mir gelandet. Damals habe ich ihr von unserer Idee erzählt, Geschichten zu sammeln und diese irgendwann einmal zu veröffentlichen. Sie war begeistert und hat sich – ich glaube gleich in der Nacht nach unserem Mailwechsel – hingesetzt und alles aufgeschrieben.

Ich schreibe aus Olympia, Washington, USA, wo ich verheiratet bin und in einer Fabrik arbeite. Heute bin ich 34 Jahre alt ... Mein Name ist Yassi. Bevor ich mit dem Erzählen beginne, möchte ich einen Satz erwähnen, der mich bis heute begleitet: Robert Becker, mein damaliger Erzieher, hat auf meine Frage hin, was er unter „cool-sein“ verstünde (damals war „cool“ ein moderner Begriff) gesagt: „Cool-sein heisst, aufrecht durch's Leben gehen ...“ Dieser Satz hat mich tatsächlich immer wieder davor bewahrt, den falschen Weg einzuschlagen. Dafür bin ich dankbar.

Ich war in der vierten Klasse und ich werde es wohl nie vergessen: Es war Klassensprecherwahl und ich hatte den ersten Mal den Mut, zu

kandidieren. Ich bekam nur eine einzige Stimme: Meine eigene. Das tat weh. Was für ein Dreckstag!
Erst hatte meine Mutter, mal wieder völlig betrunken, nicht aufwachen wollen, um mir Geld für meinen Kakao mitzugeben, dann hatte ich die Hälfte meiner Hausaufgaben nicht gemacht und jetzt hatte ich mich vor meiner Klasse als totale Looserin geoutet ... Ich war zehn und konnte mit den Kindern aus „normalen" Familien nicht mithalten. In meiner Klassengemeinschaft nahm ich eine Randposition ein. Die Komische, deren Mutter soff ...
Ja, meine Mutter war Alkoholikerin und das machte mich, seitdem ich acht Jahre alt gewesen bin, zur Außenseiterin. Ich wollte niemand mit nach Hause nehmen. Meine Angst, mich zu blamieren, war zu groß. Kinder spüren, wenn etwas nicht stimmt, und wenn sie mich auch nicht hänselten, ich blieb draußen, war die Letzte, die sie zu ihren Geburtstagen einluden. Manchmal bekam ich auch gar keine Einladung ...
An diesem Tag brach ich in der Pause zusammen, heulte nur noch. Meine Klassenlehrerin nahm sich meiner an. Es folgte ein mehrstündiges, einfühlsames Gespräch. Ich erzählte ihr, dass ich auf dem Nachhauseweg mit mir selbst Wetten abschloss: War sie wieder besoffen, meine Mutter? Würde ich sie wecken können? Ob ich von Zuhause weg wollte? Nein! Wohin denn auch? Meine Klassenlehrerin wusste Rat, und noch am selben Tag wurde ich in Obhut genommen und lebte ab da im Bürgermeister-Gräf-Kinderheim. Meine lebenslange Prägung nahm an diesem Tag ihren Lauf.
Ich kam an. Und wie! Das Taxi hielt vor einem alt aussehenden Gebäude. Hässliches Stadtgelb. Wir standen in einer gläsernen Eingangshalle, warteten und wurden schließlich in eine Gruppe gebracht. Kinder und

Jugendliche, die mich ansahen. Alle ganz unterschiedlich. Ein Geschwisterpaar aus Marokko, eine Jugendliche mit knallrot gefärbtem Haar, andere Kinder, die still zusahen.
Ich folgte der Erzieherin in ein Zimmer. Koffer, Kuschelhund und ängstliche, vorsichtige Neugierde im Gepäck. Mein Zimmer, Blick auf den Hof, hatte einen dunkelgrünen Teppich. Bett, Regal, Kleiderschrank, Schreibtisch ... alles da – nur meine Mutter nicht ... und das war gut so, aber es sollte nicht meine einzige Aufnahme bleiben, denn nach sechs Wochen kam ich wieder zu meiner Mutter zurück ...

Beklommenheit machte sich breit, als ich die Email las. Wie oft hatten wir das erlebt? Und erleben es noch heute: Kinder kommen wieder nach Hause, obgleich sich dort nichts geändert hat. Noch immer scheint auch bei den Richtern der Leitfaden weit verbreitet zu sein: Jede noch so schlechte Familie ist besser als ein Kinderheim. Ich nutze, wie ich es schon so oft getan habe, die Gelegenheit, es noch einmal zu sagen: Es stimmt nicht! Nicht zwangsläufig sind Familien der richtige Ort. Kinder brauchen unseren Schutz und nicht immer wieder neue Beziehungsabbrüche, neue Traumata.

Wir haben längst begriffen: Egal wie schwierig Eltern sind, sie sind und bleiben die Eltern, und wo immer wir einen Weg sehen, sie miteinzubeziehen, versuchen wir es. Selbst wenn sie alkoholkrank oder drogenabhängig sind. Immer wieder ist es uns gelungen, einen beschützen Rahmen zu suchen und zu finden. Manchmal nur für eine Stunde im Monat. Eine Stunde, die wichtig sein kann. Die Sucht aber ist ein mächtiger Gegner, und nicht immer gelingt ein gemeinsamer Weg. Die Gratwanderung zwischen „Schutz des Kindes" und „Recht auf Erziehung" verlangt allen Beteiligten eine Menge ab.

Wie lange ist es gut gegangen? Ein Tag? Zwei? Dann trank sie wieder.
Ich hielt Kontakt zum Bürgermeister-Gräf-Kinderheim, und man ließ mich an den Aktionen in der Freizeit teilhaben und half mir, dem „Besucherkind" bei den Hausaufgaben.

Und dann kam der Tag, an dem mich Robert Becker ganz unverfänglich, aber sicher nicht ohne Hintergedanken fragte, wie es Zuhause liefe und wie es mir ging. Ich schluckte und sagte, ein übermäßig großes Grinsen auf dem Gesicht „Blendend". (Was für ein Wort in diesem Zusammenhang!) Robert sagte nichts, nickte nur. Ich aber wusste, dass er mich mit meiner aufgesetzten Fröhlichkeit und dem Versuch „zu blenden", längst durchschaut hatte, und in diesem Moment spürte ich, dass ich wieder zurück wollte.

Nach drei Tagen war es dann wieder so weit: Ich war wieder da und alle waren rührend zu mir. Ich schämte mich, aber alle halfen mir. Diesmal blieb ich länger. Ich glaube für ein Jahr. Sicher bin ich mir nicht. Ich habe das Hin- und Herschieben, zwischen Kinderheim und Mutter, vergessen wollen, so belastend war das.

Es kam tatsächlich noch ein Mal dazu, dass ich wieder nach Hause ging und einige Zeit später nochmals aufgenommen wurde. Da war ich dreizehn geworden und setzte mich durch: Diesmal blieb ich auf eigenen Wunsch.

Als ich vierzehn war, kamen Gerüchte auf, dass unser Kinderheim geschlossen werden sollte. Man konnte kein Kinderheim schließen. Davon war ich überzeugt. Inmitten der Pubertät und sehr mit meinen eigenen, verwirrenden Gefühlen beschäftigt, kam ich damit überhaupt nicht klar. Warum wollte man uns nicht? Musste/wollte ich wieder zu meiner Mutter? Ein nervenzerreibender Loyalitätskonflikt begann. Ich wollte das Beste aus beidem und bekam es nicht hin. Es zerriss mich. Die Vorstellung, dass ein Kinderheim einfach so geschlossen werden konnte, machte mir Angst. Wenn das passieren konnte, hatte nichts mehr Sinn. Ich wurde zur Schulversagerin. Ich hatte kaum noch Interesse an dieser befremdlichen Welt, In der Schule begegneten mir Häme und Spott. Ich verweigerte und vernachlässigte mich, kostete die ErzieherInnen wahrscheinlich, nein bestimmt(!), den letzten Nerv.

Dann 1996 veränderte sich plötzlich einiges: Zwei der drei Gruppen im Haus wurden zusammengelegt. Ich bekam neue Freunde. Gleichzeitig versank meine Mutter im Wein und war kaum noch erreichbar.
Ich wurde gereizt und misstrauisch.
Ebenso wenig, wie ich verstehen konnte, dass man ein Kinderheim einfach schließen konnte, verstand ich, dass Robert Becker ein neues gründen wollte. Ich war geneigt, ihn für einen Spinner zu halten, aber ich kannte ihn. Was er sagte, stimmte in der Regel. (Mit Ausnahme der Zeiten, wo er uns absichtlich einen Bären aufgebunden hat.) Ich vertraute ihm, auch weil ich lautstark mit ihm streiten konnte, ohne dass er beleidigt war.
Jeden Tag erzählte irgendjemand etwas anderes. Niemand schien wirklich zu wissen, wie es weitergehen sollte. Ich versuchte, mir „ruhig Blut" zu sagen, was für einige Zeit funktionierte, dann rastete ich wieder aus, anschließend, wie in Trance, verzog ich mich in mein Inneres. Bücher wurden mein ständiger Begleiter. Morgens las ich. Zum pünktlichen Schulbesuch musste ich fast aus dem Haus getragen werden ...
In meinem Kopf weiterhin Wirr-Warr: Einer meiner „Gruppenbrüder" würde nicht mitziehen. Er würde mir fehlen ... Ein Haus. Wo sollte das herkommen?
Wer vermietet schon an „Assis?" Da konnte ich mir erstmal einen Text anhören: „Wenn du selbst so von dir denkst, warum sollen die da draußen' besser über dich denken?" Robert war sauer, erzählte mir das erste Mal, dass er selbst in einer Art Heim groß geworden war, und ich mich endlich besser behandeln sollte.

Egal, was passieren würde, ich würde es ertragen. Hauptsache, es passierte endlich irgendetwas!
Bis heute hasse ich Situationen, in denen ich mich im Unklaren gelassen fühle. Bis heute macht es mich wahnsinnig, wenn ich über Entscheidungen, die auch mich betreffen, nicht mitreden kann. Diese Erfahrung leitet mich noch immer in meinen Gefühlen, auch wenn ich mittlerweile längst die Dreißig überschritten habe.
Damals habe ich mich aufgelehnt, bin echt schwierig geworden. Jede gebrochene Regel, ein Sieg! Jede überschrittene Grenze gab mir kurz das Gefühl, etwas erreicht zu haben, freilich, ohne mich danach wirklich besser zu fühlen.
Ich interessierte mich für Wrestling, verpasste keine Sendung. Robert tat sich schwer. Die anderen ErzieherInnen auch. Wrestling ... aber er erkannte, wie wichtig es für mich war, und man beschloss, mich länger fernsehen zu lassen. (An dieser Stelle sei gesagt: Ich bin ein großer Wrestling-Fan geblieben. Bis heute. Vielleicht wegen der Ausnahmen, die ich damals als großes Privileg geschätzt habe.)
Gut war, dass wir immer über unsere eigenen Ängste reden konnten und ernst genommen wurden.

Ich verstand nicht alles. Was war ein Freier Träger. Ein Sozialdezernent? Robert hatte eine unnachahmliche Art, uns ernst zu nehmen und gleichzeitig über uns zu frotzeln. Pubertierende Mädchen sind leicht reizbar. Oft flogen Türen. Irgendwann aber zogen wir tatsächlich um.

Ich möchte an dieser Stelle gerne aus einem Text zitieren, den ich damals geschrieben habe und in dessen Besitz ich immer noch bin:

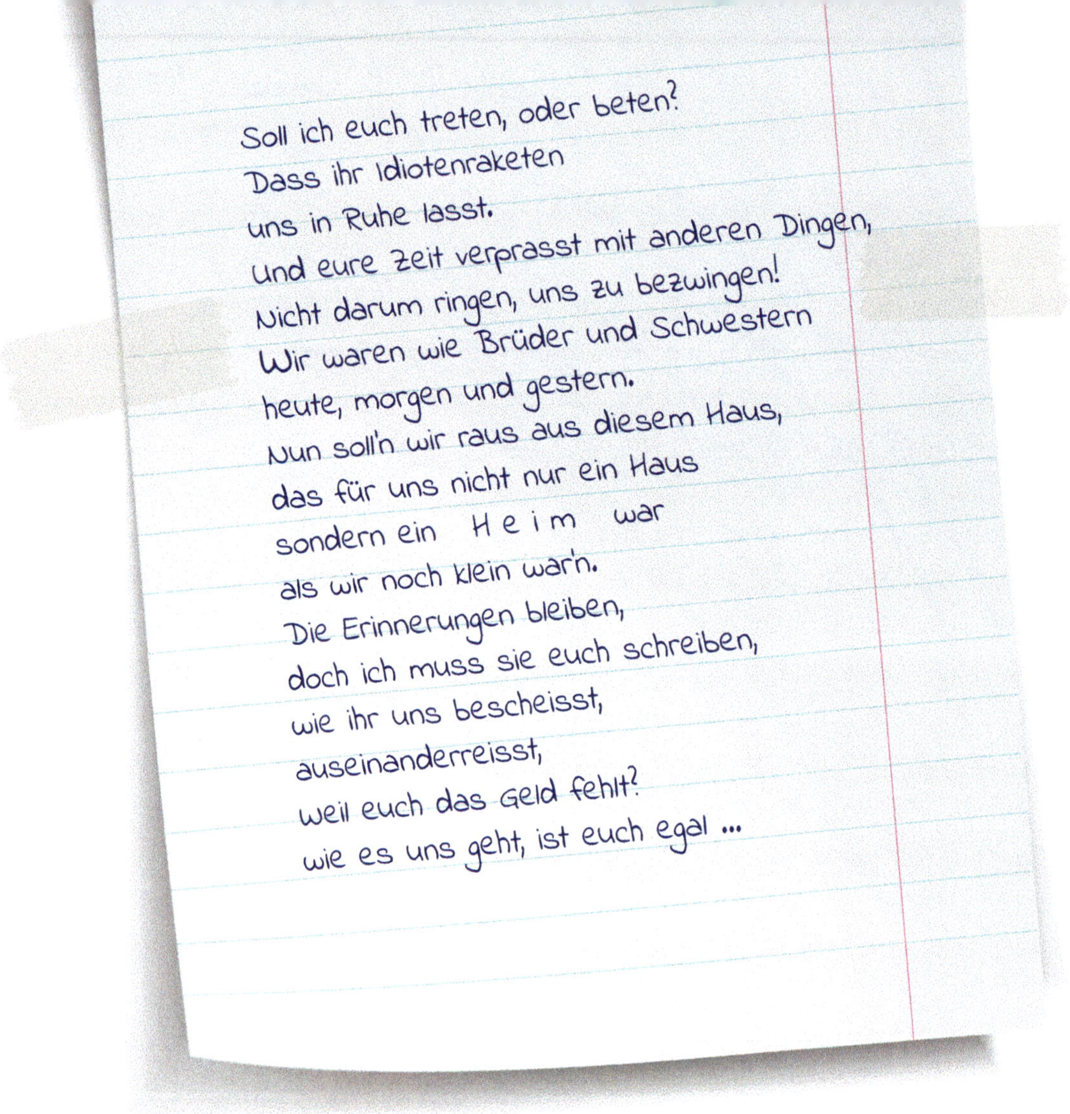

Das Gedicht habe ich in Vorbereitung dieses Buches zum ersten Mal gelesen. Vielen Kindern sah man es nicht an, aber die Auflösung setzte ihnen zu. Einige der Kinder von damals erzählten mir erst viel später von ihren schlaflosen Nächten und den Wutattacken, die sie nicht bei uns, sondern in der Schule auslebten.

Der nachfolgende Absatz in Yassis Beitrag macht für mich ziemlich deutlich, wie schwer auch ihr der Abschied fiel:

Ich lief oft durchs Haus. Wir würden bald ausziehen. Ich fragte mich, ob ich zehn Jahre später noch wüsste, wie der Glasgang, unsere Gruppe, einzelne Zimmer und Möbelstücke ausgesehen haben. Jedes Detail prägte ich mir ein. So genau wie möglich! Bis heute kann ich mich an bestimmte Gerüche und das Echo in der Eingangshalle erinnern. Was würde aus dem Gelächter, den Tränen und Diskussionen, wenn das Haus zum Einsturz gebracht würde? Würde all das mit einstürzen? wären Erinnerungen noch wichtig?

Ich bin heute eine glückliche Hausfrau und lebe sozusagen meinen „American Dream". Bis dahin aber war es ein weiter Weg: Im Jahr 2000 habe ich mein Kind im siebten Schwangerschaftsmonat als Frühgeburt zur Welt gebracht. Jonas Michael Alexander. Wir haben ihn verloren, als er sieben Tage alt war. Drei Jahre später starb meine Mutter an den Folgen ihrer Alkohol- und Tablettensucht, und wenig später verließ mich mein damaliger Freund. Ich drohte meiner Mutter zu folgen, verlor die Orientierung und tingelte durch die Kneipen Frankfurts, bis ich meinen heutigen Mann traf: Scott. Wir heirateten 2006. Berufsbedingt verschlug es uns nach Vancouver, Dallas, Portland und schließlich Washington. Ich bin glücklich geworden. Jeden Morgen wache ich auf und mache mir bewusst, dass es eine Menge Menschen gegeben hat, die daran beteiligt waren, mich auf den rechten Weg zu bringen. Danke!

Nach zwanzig Jahren besteht nun doch Gewissheit: Erinnerungen sind wichtig, und man muss gar nicht viel für deren Erhalt tun. Es ist erleichternd zu wissen, dass nichts einfach so verschwindet und viel von dem, was aus den Begegnungen wichtig gewesen ist, geblieben ist. Von Zeit zu Zeit tauchen manche von Ihnen auf, mahnen zur Achtsamkeit und dazu, immer wieder einen Gang zurück zu schalten.

„Ich hatte keine Kindheit, ich war nur klein."

Saskia (...wir nennen sie so) gehört zu den Kindern, deren Leben immer wieder aus den Fugen geraten ist und die als kleines Mädchen schon so schrecklich viel verloren hatte. Sie haben wir letzten Endes nicht halten können. Unsere Bemühungen waren also nicht von Erfolg gekrönt, und dennoch ist sie in unseren Gedanken geblieben und wie ich viele Jahre später erfuhr, wir auch in ihren.

Kinder, die in Heimen leben, bringen ihre eigene Geschichte mit. Immer wieder Geschichten, die kaum zu ertragen sind, solche, die eine behutsame Betrachtung verlangen, Sensibilität und viel Geduld. Die Regeln pädagogischer Herangehensweise, viel von dem, das wir in Fachbüchern gelesen haben, helfen nicht immer. Kindern wie Saskia kann man, egal wie wünschenswert dies wäre, ihre Kindheit nicht zurück geben. Wir alle sollten solchen Kindern aber unser Herz öffnen – wenigstens das.

Wenn hier ein Teil ihrer Geschichte erzählt wird, dann weil Saskia mich ausdrücklich darum gebeten hat. Sie macht deutlich, was „fachliche Texte" nicht deutlich machen können. Nicht irgendeine Geschichte, kein Fall, sondern eine Begegnung, die Spuren hinterlassen hat, die unsere Möglichkeiten, aber auch deren Grenzen aufzeigt und die uns vor allen Dingen bewegt und berührt hat.

Die Fakten haben wir an manchen Stellen leicht verändert. Die Geschichte ist dennoch authentisch geblieben, Einzelheiten werden, auch wenn sie informativen Charakter hätten und vielleicht ein besseres Verständnis ermöglichen würden, nicht erzählt. Der Schutz des Privaten steht auch hier im Vordergrund, und wir bitten darum, dies zu verstehen.

Saskia ist deshalb so wichtig für dieses Buch, weil sie zu den Kindern gehört hat, denen ein weiterer Beziehungsabbruch nicht zuzumuten war, und die deshalb nicht unbeteiligt daran gewesen sind, dass wir überhaupt das waghalsige Manöver gestartet haben, ein eigenes Kinderheim zu gründen.

Im Dezember 1990, wenige Monate, nachdem ich meine Tätigkeit als Gruppenleiter im Bürgermeister-Gräf-Kinderheim aufgenommen habe, lernten wir Saskia kennen. Zusammen mit ihrer Mutter, einer mit sich und ihrem Leben, insbesondere aber mit der Erziehung von Saskia sehr überfordert wirkende Frau, saß sie in unserem Büro. Alkoholismus ließ die Mutter immer wieder als Bezugsperson ausfallen, und Saskia verwahrloste in diesen Phasen, aber nicht nur das: Sie war ein von früher Kindheit an missbrauchtes Mädchen. Die Sozialarbeiterin, die mit im Gespräch saß, kannte ich seit Jahren. Sie bot uns jede Hilfe an, die wir für die Betreuung brauchen würden.

Wenn meine Mutter zur Entgiftung in der Klinik war, bin ich bei Nachbarn gewesen, oder ich wurde in verschiedenen Kinderheimen betreut. Meine Mutter war eine starke Frau. Wenn wir getrennt waren, litt sie und stabilisierte sich meist innerhalb einiger Wochen, für mich, immer wieder holte sie mich zurück zu sich. Aber ihre Kraft hat nicht ausgereicht. Den Kampf gegen den Alkohol hat sie verloren. Die Einbrüche kamen häufiger, die trockenen Phasen wurden immer kürzer.

Bis zum Schulalter hatte Saskia mindestens sechs dieser Trennungen verkraften müssen. In Phasen des gemeinsamen Zusammenlebens hat sie nur sehr unregelmäßig einen Kindergarten besucht. Längerfristige Kontakte zu Nachbarn oder Freunden der Familie etablierten sich nicht, weil Mutter und Tochter häufig umzogen, um neu anzufangen. Saskias Vater, ebenfalls alkoholkrank, hatte die Familie vor einigen Jahren verlassen. Sein Aufenthaltsort war nicht bekannt. Kürzere Beziehungen zu Männern, die in der Regel nicht länger als einige Monate dauerten, sah Saskias Mutter selbst als problematisch an, zumal ihre Partner ebenfalls Drogen konsumierten, keiner geregelten Arbeit nachgingen und sich von Saskia, wie viele der Männer, denen sie im Haushalt der Mutter begegnete, mit Papa ansprechen ließen.

In meiner Vorstellung hatten Mädchen viele Papas. Papa Thomas, Papa Bernd, Papa Jürgen ... wenn ein Mädchen in der Klasse von „ihrem" Papa erzählte, kam mir das komisch vor.
Einer dieser Männer, mit dem wir einige Jahre gelebt haben, musste wegen sexuellen Missbrauchs in Tateinheit mit gefährlicher Körperverletzung eines seinerzeit 7-jährigen Kindes eine langjährige Haftstrafe verbüßen. (Er hatte das Mädchen auf einer Müllkippe abgelegt ... Es hat überlebt, war aber bis zum Erwachsenenalter in Therapie.) Für mich, ich war damals ebenfalls sieben, bleibt die Frage, ob auch ich von ihm

sexuell missbraucht worden bin? Ich hatte bis dahin so viel körperliche Gewalt mitbekommen. Die Beteuerungen meiner Mutter, sie habe stets aufgepasst, beruhigten mich nicht. Sie konnte ja selbst nicht auf sich aufpassen, ist immer wieder geschlagen und mißhandelt worden.
Den bis dahin letzten Lebensgefährten meiner Mutter habe ich tot in unserer Wohnung gefunden. Er ist an einer Überdosis Kokain gestorben. Da war ich sechs. Ich hatte keine Kindheit, ich war nur klein.

Saskia war im Bahnhofsmilieu groß geworden. Wahrscheinlich hatte sie zeitweise mit ihrer Mutter in einem Bordell gelebt. In mehreren Beziehungen kam es zu gewalttätigen, sexuellen Übergriffen auf Mutter und Kind.
In einem Alter, in dem Kinder zumeist noch gar nicht wissen, dass es Drogen gibt, war sie in der Lage, über die unterschiedlichen Drogen zu referieren. Sie kannte sie samt Wirkungsweise und wie sie konsumiert wurden, und es stand außer Frage: Sie hatte von klein auf zugesehen, wenn die Erwachsenen sich in Rausch versetzten.

Du hast gestaunt, wen ich alles kenne, als wir im Bahnhof waren!

Ja in der Tat. Sie wurde mehrfach angesprochen, deutete auf wenig vertrauenserweckende Personen, die sie allesamt mit Namen kannte …

Wenn wir Kinder kennenlernen wollen, müssen wir begreifen, woher sie kommen, wie ihre Regeln funktionieren, welche Werte sie haben und welchen Sinn ihre vermeintlichen „Verhaltensauffälligkeiten und Störungen“ haben.

Egal wie schlecht uns ein Milieu erscheint, wie „unfähig“ uns Eltern vorkommen, wir müssen auf der Hut sein, dürfen Herkunft und Heimat der Kinder nicht abwerten. Wenn wir ihr Vertrauen wollen, dürfen wir sie nicht in einen Loyalitätskonflikt bringen, sondern sollten uns öffnen. Deshalb habe ich mit Saskia damals einen Ausflug ins Bahnhofsviertel gemacht. Sie gehörte nicht zu den Kindern, die den dringenden Wunsch verspürten, auf den Spielplatz zu gehen oder den Günthersburgpark zu besuchen. Sie wünschte sich, dass ich mit ihr einen Ausflug ins Bahnhofsviertel machte. Das war ungewöhnlich für ein Mädchen ihres Alters.

Sie war es nicht gewöhnt, mit Spielsachen zu spielen. Ihre verlor sie umgehend, verkaufte sie oder zerstörte sie. Ihrer Barbiepuppe stutze sie erst die Haare und dann schnitt sie ihr mit unserem Brotmesser den Kopf ab …
… die anderen Kinder der Gruppe beobachteten sie bei ihrem Tun mit einer Mischung aus Faszination und Abscheu. Ich glaube, ich auch.

Als ich ins Bürgermeister-Gräf-Heim kam, war ich sieben. Meine Mutter war im Knast. Untersuchungshaft. Verstoß gegen das Betäubungsmittelgesetz, illegaler Waffenbesitz und was weiß ich noch. Es bestand der Verdacht, dass ich wiederholt als Kurier für Drogen eingesetzt worden war. Ich weiß es nicht, aber es würde mich wundern, wenn es nicht so gewesen ist.

Saskia, damals im zweiten Schuljahr, zeigte überdurchschnittliche gute Leistungen, war aber dennoch im Klassenverband kaum zu unterrichten, weil sie durch ihr „exploratives Verhalten" immer wieder den Rahmen pädagogischer Betreuungsmöglichkeiten sprengte. Sie fiel wegen ihres extrem sexualisierten Sprachgebrauchs auf, weigerte sich, den Anweisungen der Lehrer zu folgen und verließ des Öfteren ohne Erlaubnis den Unterricht.
Ein gestörtes Kind?
Nein, ein Kind, das man gestört hatte – in seiner Entwicklung, beim Kind sein, beim Spielen, Verkleiden und Kuchen backen, selbst beim Schlafen war Saskia gestört worden und in ihren Gedanken. Anstelle Prinzessin wollte Saskia später Hure werden. Sie spielte weder Fangen noch Verstecken. Sie spielte das nach, was sie kannte: Sie besorgte sich ein rotes Partylicht, stellte es auf die Fensterbank und setzte sich – für alle sichtbar, halbnackt ins Fenster ihres Kinderzimmers.

Saskia übernahm vom Tag ihrer Aufnahme an eine extreme Außenseiterposition, die sich kaum durchbrechen ließ. Sie war krank, litt an einer eitrigen Augeninfektion und hatte mehrere Entzündungen im Mundbereich.
Ihr Verhalten war auf extreme Provokation ausgerichtet. Sie war involviert in nahezu jeden Streit innerhalb der Kinder- und Jugendgruppe und war nicht imstande, sich an Grenzen zu halten bzw. respektierte diese trotz Erklärungen oftmals nicht.
Gegenüber Erwachsenen verhielt sie sich distanzlos. Sie nahm völlig unkritisch körperlichen Kontakt

selbst zu ihr fremden Besuchern des Hauses auf.
Bei allen problematischen und unangepassten Verhaltensweisen verfügte Saskia über außergewöhnliche Fähigkeiten: Sie erkannte mit Präzision jede noch so kleine Lücke, die versprach, sich Freiräume verschaffen zu können und hatte die Fähigkeit, sich differenziert auszudrücken. Sie war in der Lage, ihre Interessen durchzusetzen wie kein anderes Kind der Gruppe. Dieses kleine Mädchen, das so laut nach Aufmerksamkeit schrie, dass man immer wieder geneigt war, sich die Ohren zuzuhalten, sprengte den Rahmen und brachte alle gegen sich auf. Dennoch verfügte sie über außergewöhnliche soziale Kompetenz – nur dass sie diese nicht adäquat einzusetzen verstand.
Eine vielschichtige Persönlichkeit. Die „Schauspielerin" der Gruppe, die es verstand, dramatisch zu inszenieren, und die nicht müde wurde, in unterschiedliche Rollen zu schlüpfen.
Sie belebte den Gruppenalltag und trug erheblich zum turbulenten Geschehen bei. Oftmals übersehen, erreichte Saskia, dass sie bald zum ausführlichen Thema fast jeder Teambesprechung wurde. Sie forderte Auseinandersetzung und wir hatten keine Wahl, als uns der Herausforderung zu stellen und uns unkonventionelle Lösungen zu überlegen.

Beeindruckend dieses kleine Mädchen, dem man seine innere und äußere Vernachlässigung ansah: So viel Kraft, eine schier unerschöpfliche Energiequelle, ständig in Kampfbereitschaft, sehr anstrengend, und, wenn man es schaffte, sie mit etwas innerem Abstand zu betrachten, eine lustige kleine Person, die man, ob man wollte oder nicht, einfach ins Herz schließen musste.

Nach einigen heftigen Konfrontationen akzeptierte sie schließlich ein Minimum an Regeln. Sowohl Erwachsene als auch Kinder und Jugendliche der Gruppe lernten mehr und mehr Saskias Verhaltensmuster kennen und konnten zunehmend besser damit umgehen. Pädagogische Interaktionen waren aber weiterhin sehr reaktiv geprägt: Sie streute ihre „Köder" durch ständige Verstöße und Provokationen, und die Erwachsenen sammelten sie ein.

Uns allen war klar: Hier mussten wir so gut es ging zusammenarbeiten. Selbst die Kinder verstanden das und wollten ihr helfen. Auch durch die kontinuierliche Zusammenarbeit mit der zuständigen Sozialarbeiterin des Allgemeinen Sozialdienstes, der Toleranz der anderen Gruppenmitglieder und viel Geduld gelang es, Saskia tatsächlich ein wenig zu stabilisieren. 1996, ich war angehender Familientherapeut, aber mit meiner Ausbildung noch nicht fertig, trat die Sozialarbeiterin an mich heran, um eine zusätzliche Hilfe zu stabilisieren. Eine Einzelbetreuung, „etwas Therapeutisches ohne zusätzliche Fachkraft – nicht noch eine Bezugsperson – Saskia braucht Sie", ließ sie mich wissen. Es war einen Versuch wert. Als *Coaching für Heimkinder* ist dieses Beratungskonzept seitdem fester Bestandteil für einige der Kinder und Jugendlichen, die von uns betreut werden. Immer wieder haben

wir die Erfahrung gemacht, dass wir mit dieser „flankierenden Maßnahme" während auftretender Krisen effizienter begleiten können.
Erst 2007 hat die Kooperative Erziehungsarbeit für dieses Angebot einen entsprechenden Vertrag über Fachleistungsstunden mit dem Jugendamt in Frankfurt geschlossen. Das Angebot aber besteht seit 1996. Wieder etwas, das wir letzten Endes Saskia zu verdanken haben, und das damals seinen Anfang nahm. Heute arbeiten mehrere externe TherapeutInnen unterschiedlicher fachlicher Ausrichtung mit einem bestimmten Kontingent mit uns zusammen. (Aber das ist eine andere Geschichte.)

Es ging voran, wenn auch nur langsam, und oft gab es Rückschläge.

> Es war Ostern 1995. Alle Kinder durften nach Hause und ich sollte meine erste Übernachtung bei meiner Mutter haben. Ich war ganz außer mir vor Freude. Wir würden den ganzen Tag im Bett liegen und fernsehen ... Und dann ist sie unmittelbar bevor es soweit war, einfach ins Koma gefallen und an ihrem Suff gestorben.
>
> Darius war der letzte Lebenspartner meiner Mutter. Ein ziemlicher Freak, aber ganz okay. Er hat mir erzählt, dass die beiden hätten heiraten wollen. Ich hätte also fast einmal eine Familie gehabt ...
> Zu Darius hatte ich eine ganz positive Beziehung. Dass er sich nach dem Tod meiner Mutter ohne Abschied abgesetzt und jeden Kontakt zu mir abgebrochen hat, hat mich sehr getroffen, glaube ich. Aber ich bin mir nicht sicher, ob ich so etwas wie Verletzungen überhaupt noch fühlen konnte.

Wir alle haben uns die Frage gestellt, warum ins Leben dieses Mädchens nicht endlich einmal Licht fallen konnte. Die Großeltern weigerten sich, uns bei der Beerdigung dabei zu haben und schlugen damit Saskias dringlichsten Wunsch, Abschied nehmen zu können, aus. Egal wie oft ich versuchte, sie vom Gegenteil zu überzeugen, es blieb dabei.

Dass wir unsere eigene Trauerfeier in einer Kirche ausrichteten, war ein Trost, aber nicht mehr. Jahre später haben wir ihr Grab ausfindig gemacht und sind mit dem Zug hingefahren.

Nach dem Tod meiner Mutter ging's nicht weiter für mich.
Ich wollte nur noch alles kaputt machen, alles pisste mich an!

Das Verhalten von Saskia verdeutlichte sehr, dass Provokationen nicht unbedingt negativ sind, sondern oftmals Ausdruck der Hilflosigkeit. Für Saskia war rational längst klar, dass das neue Haus sehr zentral lag und auch der Schulbesuch kein Problem darstellte, aber es war wichtig, immer wieder zu hören, dass wir uns von ihr nicht trennen würden. Genau das aber konnten wir ihr nicht versprechen, denn wie hätten wir auf Dauer rechtfertigen können, dass die anderen Kinder zunehmend unter ihr litten und letztlich zu kurz kamen?

Ihr provokantes Auftreten (auch ihre äußerliche Erscheinung) signalisierte ihre Bedürftigkeit. Sie selbst brachte nach dem Tod der Mutter wieder den Wunsch, Nutte zu werden ins Gespräch, der stellvertretend dafür zu stehen schien, dass Saskia sich bereits aufgegeben hatte, vielleicht aber ihre persönliche Möglichkeit war, die Nähe zur verstorbenen Mutter zu halten. Prostitution war für sie etwas, das sie kannte, das sie nicht verunsicherte, sondern ihr das Gefühl von Sicherheit gab.
Wir realisierten, wie gefährdet sie war, wussten aber auch, dass wir im Rahmen unserer Arbeit Saskia nur unterstützen konnten, wenn sie dazu bereit war, sich helfen zu lassen. Schließlich nahm sie psychotherapeutische Hilfe an und schien sich wieder zu festigen, aber nur wenige Monate nach dem Umzug ins Kinderheim „An den 3 Steinen" war alles beim Alten, beziehungsweise alles noch schlimmer.
Unsere Sorge, sie könne mit Drogen in Kontakt kommen, war nicht unbegründet. Es kam zu nächtlichen Ruhestörungen durch ihre „neuen Freunde", die auch davor nicht Halt machten, die Mitarbeiterinnen zu beschimpfen und Gewalt anzudrohen. Was würden wir für einen Eindruck in der Nachbarschaft hinterlassen? Welchen Ruf würden wir bekommen? Wir wussten, dass es für unsere Zukunft nicht unerheblich sein würde, wie wir uns positionieren würden. Eine gute Belegung war Grundvoraussetzung für unsere Existenz.

Saskia musste, nachdem sie ihr letztes „Ultimatum" für sich nicht hatte nutzen können, das Kinderheim verlassen, nachdem sie über Nacht fremde Männer ins Haus eingeschleust hatte. Eine Bedrohung. Nicht nur für sie selbst, sondern auch für die anderen Kinder. Ich musste eine Entscheidung fällen, auch wenn es mir noch so schwer fiel.

Dass sie gehen musste, machte viele der Kinder und Jugendlichen, aber auch uns sehr betroffen, und dennoch war nicht von der Hand zu weisen: Die Gruppe entspannte sich. Für andere, stillere Kinder war in der Vergangenheit oftmals zu wenig Raum gewesen. Sie „blühten auf", und es war unverkennbar, wie ruhig es plötzlich in der Gruppe war. So anstrengend Saskia gewesen war, ihre Verlegung war keine einfache Entscheidung. Wir empfanden das als *Kapitulationserklärung*, erkannten aber, dass andere Kinder, die ihr nacheiferten, umgehend zur Ruhe kamen.

Und, was ist aus Saskia geworden?
All die Jahre haben wir uns das gefragt. Unsere Wege hatten sich getrennt, der Kontakt war abgerissen.

Einmal, als ich mit meinen eigenen Kindern ferngesehen habe, verfolgten wir einen Bericht: Eine Reportage aus Frankfurts Drogen- und Prostitutionsmilieu. Da sah ich sie wieder: Saskia gab ein Interview über ihren Drogenkonsum, den Absturz, die Prostitution … schwer zu ertragen.
Ich hatte Kontakt zu einem Kollegen, der als Sozialarbeiter bei den Streetworkern arbeitete. Ich erzählte ihm von Saskia. Er nahm Kontakt zu ihr auf. Einen Versuch gab es danach noch: Ein Betreutes Wohnen für junge Frauen, die in vergleichbaren Situationen wie Saskia lebten. Auch zu ihrer Therapeutin ging sie noch einmal, aber der Sog war zu stark. Auch diese Hilfe konnte sie nicht annehmen.

„Hast du etwas von Saskia gehört?", wurde ich oft gefragt. Nein, hatte ich nicht, und wir fragten uns oft, wie es ihr wohl gehen würde, schlimmer noch: ob sie noch am Leben war. Die Berichte über die Drogentoten in Frankfurt am Main hatten etwas Aufrüttelndes. Wenn die Kolleginnen oder ich in Bahnhofsnähe zu tun hatten, hielten wir Ausschau nach ihr, aber wir begegneten ihr nicht.

Wir hörten von der Geburt eines Kindes, aber mehr war nicht in Erfahrung zu bringen, und wir mussten das wohl akzeptieren.

Gibt es Zufälle?
Fast zehn Jahre waren vergangen, bis sie sich bei mir meldete, per SMS mit der Frage, ob sie mir schreiben darf. Das war 2007. Es entwickelte sich ein sehr persönlicher Schriftwechsel unmittelbar vor Veröffentlichung meiner Abschlussarbeit „Dampfmaschine und Uhrwerk", und Saskia wollte, dass ich ihre Geschichte darin veröffentlichte.

Ich hoffe, dass ich jemandem damit helfen kann, dass du meine Geschichte erzählst. Danke, dass du mir geholfen hast, die richtigen Worte zu finden ... Bin ja auch stolz, dass ich es trotz all den Problemen doch noch geschafft habe auf den rechten Weg zu gelangen. Auch wenn ich weiß, dass ich noch nicht ganz über den Berg bin. Psychisch bin ich noch ganz schön angeschlagen, aber ich glaube, dass ich das auch immer bleiben werde. Ich hoffe, dass ich dein Buch bald lesen kann. Und ich hoffe, dass andere es sich überlegen, bevor sie alle Regeln über Bord werfen – lieber Robert, Ich bin so froh, dass du dich gemeldet hast. Hatte schon befürchtet, dass du es vielleicht nicht tun würdest, da es ja schon eine ganze Weile her ist und ganz schön viel los war mit mir. Ich denke die letzte Zeit oft an meine Vergangenheit. An Frankfurt und das Kinderheim „An den 3 Steinen". Frag mich nicht, aber ich habe die Adressen nie vergessen und auch dich habe ich nie vergessen. Nachdem ich von Preungesheim weg bin, war ich noch im Übergangsheim. Von da aus bin ich nach M. gekommen, wo ich, um es mal zart auszudrücken, richtig abgestürzt bin. Drogen! Dann Entzug, Dann wieder Drogen. Nicht nur einmal ... immer weiter, immer tiefer. Danach bin ich zurück nach Frankfurt in ein Betreutes Wohnen gekommen, was aber auch drunter und drüber ging. Ich bin schwanger geworden von dem absolut schlechtesten Mann dieser Welt. Er war Dealer und ich natürlich wieder abhängig. Noch vor der Geburt kam ich nach D. und habe im Dezember 2001 eine Tochter bekommen. Ein Engel von einem Schatz! Doch ich war noch nicht stabil genug und konnte diese Verantwortung nicht auf mich nehmen. Der Kleinen ging es immer gut, nur mich selbst hatte ich nicht unter Kontrolle. Also habe ich die einzig gute Entscheidung getroffen und meine Tochter zur Adoption frei gegeben. Nur so konnte ich sicher sein, dass sie nicht das gleiche mitmachen muss, wie ich.
Wie hast du das genannt?

Musterdurchbrechung (Hätte das meine Mama auch mal getan ...)
Danach habe ich alle Hilfsmaßnahmen abgebrochen und bin durch falsche Menschen in der Prostitution gelandet. Ich kam nach Holland. Nach drei Jahren war ich so tief gefallen, dass ich endlich gemerkt habe, dass es so nicht weiter gehen kann. Ich habe mich selbst in Lebensgefahr gebracht, wurde verfolgt und war mir sicher: Tiefer ging es nicht mehr.

Ich habe dann doch noch einen netten Mann kennen gelernt, mit dem ich jetzt schon eineinhalb Jahre zusammen bin. Durch ihn habe ich gemerkt, dass es auch eine Welt ohne Drogen und Prostitution gibt. Seit dem bin ich clean und habe vor, das auch zu bleiben. Ich bin jetzt schon 24 Jahre alt und fühle mich manchmal wie 87! Na ja, immerhin lebe ich noch, und das ist schon eine Glanzleistung, wohne jetzt in Holland in einem kleinen Dorf und spreche fast perfekt die Sprache, ohne dass ich in die Schule gegangen wäre.

Früher hast du immer mit der Gitarre gespielt. Weißt du noch, dass ich immer das Lied von den zwei Königskindern hören wollte? (Hoffe es noch einmal hören zu können.)
Du hast einen sehr großen und bedeutenden Teil meines Lebens ausgemacht. Habe mich letztens an unseren Norderneyurlaub erinnert. Das war eine schöne Zeit damals. Ich weiß noch, dass J. und ich auf dem Bett herum gesprungen sind und sie sich ein Loch in den Kopf gesprungen hat. Ich wünschte ich wäre wieder ein Kind, das von nichts eine Ahnung hat. Kann das sein?
Du bist so etwas wie meine Wurzeln. Die einzigen, die ich aus meiner Heimzeit wirklich vermisse sind meine Sozialarbeiterin vom Jugendamt und dich! Ich weiß noch, wie ich, nachdem meine Mutter gestorben war, bei dir Zuhause Ostern gefeiert habe. Du warst mehr Familie für mich, denn irgendjemand anders.

Trotz der vielen Jahre, die ich in diesem Beruf arbeitete, war ich sehr berührt, als ich diese Zeilen las. Ich habe lange überlegt, ob ich sie hier veröffentlichen soll, obgleich Saskia mich eindringlich darum gebeten hat … ich wollte nicht derart zum Mittelpunkt werden, nicht so wichtig sein. Sie übertrieb doch sicher. Ihre Zeilen (es waren viele Mails, die wir schrieben), waren wohltuend und gleichzeitig beschämend. Ich sollte so etwas wie ihre Wurzeln sein? Ob ich dies hier zu lesen geben soll? Ist es nicht ein Appell an alle Frauen und Männer, die sich den Aufgaben der Jugendhilfe stellen, sich zu verdeutlichen, dass sie bei jedem einzelnen Kind etwas in Gang setzen können? Dass jedes einzelne Kind auch etwas in uns bewegt, wenn wir bereit dazu sind? Nichts zeigt eindringlicher, dass auch kleine Gesten wichtig sind. Den Kindern unser Herz schenken heißt, ihnen etwas mitzugeben. Etwas, das sie bei allem, was sie schon verloren haben, behalten können.

Wir schrieben uns 2007 für die Dauer einiger Monate und vereinbarten ein Treffen in Holland. Nicht ganz einfach, denn sie befand sich damals quasi im Untergrund. Nicht jeder sollte wissen, wo sie sich befand. Einen großen Teil dessen, was sie mir geschrieben hat, ist aus diesem Grund nicht in diesem Buch gelandet. Dort, wo sie damals lebte, hatte ich sie besuchen wollen. Eine sicherlich spannende Begegnung wäre das geworden, auf die wir uns beide gefreut haben, zu der es aber nicht mehr kam. Plötzlich verschwand sie wieder von der Bildfläche. Unser Kontakt riss erneut ab.
Auch diesmal weiß ich nicht, was mit ihr geschehen ist.

Heute, zehn Jahre nach ihrem letzten Lebenszeichen müsste Saskia Mitte dreißig sein … Ob es ihr gut geht? Eine der Fragen, die im Zusammenhang mit ihr immer wieder auftauchen. Wir haben uns daran gewöhnt, dass es Fragen gibt, die lange auf Antwort warten lassen und manchmal auch gar keine bekommen.

„Du musst gehen!“

Der folgende Text hat eine andere Entstehungsgeschichte als die übrigen. Er ist das Ergebnis eines therapeutischen Prozesses, den ich biografisches Schreiben nenne. Jawad, um den es jetzt geht, spricht erstaunlich gut deutsch, aber zum eigenständigen Schreiben und Ausformulieren seiner Gedanken reicht es noch nicht. Und deshalb erzählt er mir jede Woche eine Stunde lang, was ihn bewegt, seine eigene sehr persönliche Geschichte, und ich schreibe sie auf. In der darauffolgenden Sitzung lese ich ihm vor, was ich an seiner Statt geschrieben habe und er kommentiert oder ergänzt, erzählt weiter, und so wird der Text immer mehr zu seiner Geschichte. Je häufiger wir miteinander reden, desto differenzierter kann er die Dinge betrachten und dabei verarbeiten.
Für dieses Buch haben wir einige Textpassagen ausgewählt. Nicht alles soll an die Öffentlichkeit. Vieles kann man sich auch so vorstellen.

Ich liege auf meinem Bett und denke. Manchmal tue ich das: einfach denken. Nachdenken, um es genau zu nehmen. Es ist so viel passiert, dass ich ganz voll bin.
Die im Kinderheim, in dem ich lebe, sehen mich manchmal ziemlich mitleidig an. Das Flüchtlingskind rührt sie. Flüchtlingskind, das mag ich überhaupt nicht. Lieber will ich, dass man mich so ansieht, als sei ich einer von hier, ganz normal und ohne Geschichte, die andere rührt. Aber irgendwie kommen sie immer wieder drauf, und das, was ich erlebt habe, beschäftigt sie – auch das, was mir im Krankenhaus passiert ist. Da haben sich alle ganz schön Sorgen gemacht. Wenn ich meine Narben ansehe, kann ich es noch gar nicht fassen. Ich muss sagen, das war dann auch alles ein bisschen viel Mist, was da zusammengekommen ist. Manchmal passiert einem im Leben ein ganz schöner Scheiß, das muss ich schon sagen.

Dann hatte ich die Idee, alles aufzuschreiben. Wenn man etwas aufschreibt, ist man es vielleicht los, habe ich gedacht, oder es wird leichter.

Ich habe ziemlich gut deutsch gelernt, dafür, dass ich erst gut ein Jahr hier bin, aber um ein Buch zu schreiben? Nein, das reicht dann doch noch nicht. Aber für alle Probleme gibt es eine Lösung. Wahrscheinlich nicht für alle, aber für meine. Ich bin davon überzeugt, dass man fest daran glauben muss, dass alles gut wird und dann geht es auch irgendwie. Egal, was mir passiert ist, ich will nicht, dass ich traurig bin. Trotzdem bin ich es manchmal. Nachts, wenn das Licht ausgegangen ist. Aber ich bin ein fröhlicher Mensch, würde ich sagen. Wenn mich jemand ärgert, ich meine so richtig ärgert, oder ich Stress mit den Erziehern habe, schaffe ich es einfach nicht, lange sauer zu sein. Manchmal nehme ich mir das vor, aber es klappt nicht, weil ich schnell wieder lachen muss. Das nervt mich, dass ich nie lange böse auf jemand sein kann, weil es Situationen gibt, in denen ich deshalb nicht ganz ernst genommen werde. Wie soll einer glauben, dass ich etwas ernst meine, wenn ich immer gleich grinse. Aber ich kann das irgendwie nicht ändern und es ist gut zu lachen, glaube ich. Länger als eine Stunde kann ich keinem böse sein. Egal was war.

Das mit der Geschichte aufschreiben kann ich also nicht, aber ich erzähle gerne. Die im Heim sagen manchmal, dass ich ihnen das Ohr abquatsche und daraus war dann schließlich was zu machen: Nun erzähle ich einmal in der Woche meine Geschichte und mein Therapeut, der eine Vertrauensperson für mich ist, auch, weil er sich mit Krankheiten auskennt, schreibt sie für mich in der Zwischenzeit auf. Das finde ich sehr praktisch. Für ihn ist das viel Arbeit – für mich nicht. Ich darf ihn mit „Du" ansprechen, mache ich aber nicht, weil er für mich auch eine Respektsperson ist. In Afghanistan sprechen wir nicht jeden einfach so vertraulich an, was aber nichts daran ändert, dass ich ihn ärgere, wann immer sich die Gelegenheit dazu ergibt, und ein bisschen aufziehe.

In der ersten Stunde habe ich aus einer großen Kiste drei Symbole ausgesucht, von denen ich glaube, das sie zu mir passen:. Als erstes: ein Herz. Ein großes rotes Steinherz. Richtig fett. Da trage ich meine Mutter drin und meinen Vater und – Gott. Der ist wichtig. Gott sagt mir, wenn ich ihn frage, wann ich endlich meine Mutter wiedersehen kann, dass ich Geduld haben muss. Nicht gerade eine meiner Stärken, aber er hat recht: Ich muss Geduld haben.
Dann die Schildkröte. Die steht dafür, dass ich von meiner Mutter weg musste. Fand ich irgendwie passend, weil sie auch für jeden Weg so lange braucht und so langsam geht. Ich habe auch über vier Monate gebraucht, bis ich endlich hier war, und das mit dem Haus auf dem eigenen Buckel ist für einen, der flüchtet, irgendwie auch ziemlich praktisch. Obgleich ich natürlich kein Haus hatte, aber es wäre gut gewesen, ich hätte eines gehabt. Und dann als drittes: Eigentlich wollte ich den Schlagring nehmen, so einen hatte ich in Afghanistan auch, aber der passte dann doch nicht. Was habe ich mit Schlagringen zu tun? Ich bin kein Schläger. Und so habe ich mich dann für die Katze entschieden. Eine Holzkatze, die einen Buckel zieht. Die ist irgendwie auch arm dran, streicht alleine durch die Welt, aber sie ist unabhängig.

Hatte ich es erwähnt? Mein Name ist Jawad. Ich bin gerade vierzehn geworden und in der Silvesternacht 2016, also vor mehr als einem Jahr, bin ich in München in einem Aufnahmelager angekommen. Ein paar Tage später bin ich zu meinem Onkel nach Frankfurt weiter gereist, und weil ich da über kurz oder lang auch nicht bleiben konnte, bin ich dann ins Kinderheim „An den 3 Steinen" gekommen. Das war erstmal ziemlich komisch für mich, weil ich nicht so viel verstanden habe, aber davon erzähle ich später noch. Das Kinderheim „An den 3 Steinen" ist für mich das beste Kinderheim der Welt. Gut, ich kenne nicht so viele, aber egal. Meine Betreuer sind wirklich nett und wenn jemand schlecht über sie oder das Haus redet, kann ich das nicht verstehen. Manche Leute wissen einfach nicht, wie gut es ihnen geht.

Ich denke oft an Baghlan. Da habe ich in Afghanistan gelebt.
Was ist meine erste Erinnerung? Wie weit zurück kann meine Reise gehen, wenn ich an Zuhause denke?
Als ich vier Jahre alt war, habe ich mir einen Arm gebrochen. Das weiß ich noch ganz genau. Mein Cousin, mein bester Freund, ist zusammen mit mir auf meinem Bett herumgesprungen und hat mich dann aus Versehen runtergestoßen. Vielleicht ist das meine erste Erinnerung. Ich weiß noch, dass ich geweint habe, meine Mutter auch. In Afghanistan geht man mit so was nicht unbedingt zum Arzt. Ich wurde zu einem Mann gebracht, der den Arm wieder in Form gedreht und anschließend in eine Schlinge gesteckt hat. Das hat scheiß weh getan. Damit alles schnell heilen sollte, wurde der Arm mit Eiern bestrichen. Anstatt Gips Eier, das ist schon lustig, wenn ich heute drüber nachdenke. Der Arm ist ein bißchen verdreht geblieben, was aber niemand merkt. Weil ich zwei Jahre diese Schlinge tragen sollte, hat es mir dann irgendwann gereicht und ich bin heimlich mit dem Fahrrad gefahren, was aber mit Schlinge im Arm keine wirklich gute Idee gewesen ist, und so bin ich gleich nochmal drauf gefallen und danach war mein Arm wieder gebrochen. Da war ich fünf.
Ich hatte ständig was. Zwei Tage nach meinem 8. Geburtstag zum Beispiel bin ich eine Treppe runtergefallen und habe mit einem echt scharfen Blech Bekanntschaft gemacht. Das hat mir den ganzen Fuß aufgeschnitten. Da war dann erstmal Schluss mit herumjagen. Ich war nur noch im Haus zusam-

men mit meiner Mutter. Das hat mich wahnsinnig gemacht. Nichts gegen meine Mutter, aber Achtjährige gehören auf die Straße. Ich habe viel geheult. Wenn ich mich nicht bewegen kann, fehlt mir was. Ich muss mich ständig bewegen. Daran hat sich bis heute nichts geändert. Das war eine traurige Zeit. Aber auch die ging vorüber. Ich erinnere mich, dass wir danach gleich wieder eine Menge Mist angestellt haben.

Nach der Schule haben sich alle Jungen auf der Straße zum Fußballspielen getroffen. Bei uns ist das anders als in Deutschland. Da geht nicht jeder in seine Wohnung und verabredet sich später, sondern alle sind draußen. Wir sind durch die Straßen getobt und haben die Erwachsenen, besonders die alten Männer, die Steine nach uns geworfen haben, um uns zu verjagen, genervt. Das war lustig. Ich war auch damals schon immer auf der Flucht. Immer war irgendjemand hinter mir her, der mich verdreschen wollte, aber wir hatten eine Menge Spaß. Meine Freunde fehlen mir. Ich hatte viele Freunde. Ich glaube, sie leben alle noch. Jetzt aber bin ich in einem anderen Land und habe deshalb auch andere Freunde. Logisch. Manchmal aber denke ich noch an sie. Wir Jungs sind immer zusammen gewesen. Nur mit Mädchen durfte man sich nicht sehen lassen. Das gibt es bei uns nicht. Jungen und Mädchen zusammen spielen, das geht nicht. Das tut man nicht. Das verbietet unsere Religion. Wir waren alle sehr gläubig. Morgens um vier sind wir in die Moschee zum Beten gegangen. Ich erinnere mich: Wenn Ramadan war, haben wir den ganzen Tag nichts gegessen. Man kann sich vorstellen, wie groß der Hunger wird, wenn man den ganzen Tag nichts isst, und abends dann haben alle zusammen gegessen, richtig viel, und Tee getrunken und erzählt. Das waren lustige Runden.

Besonders das Zuckerfest ist etwas Besonderes. Mit meiner Großmutter und Tante bin ich mit Freunden zusammen vorher nach Kabul gefahren, um neue Klamotten zu kaufen.

... natürlich durften wir damit nicht im Fluss schwimmen, haben wir aber trotzdem getan. Meine Mutter kam aus dem Schimpfen gar nicht mehr raus und hat mich ziemlich verdroschen. Ich glaube, sie hat ein Kabel dafür genommen. Schläge gehörten dazu. Bei uns jedenfalls. Da hat niemand so richtig viel drüber nachgedacht. Meine Mutter war 14, als ich zur Welt kam, kaum älter, als ich heute, und wenn ich mir vorstelle, ich sollte für ein Kind sorgen ... Das würde wohl nichts werden. Das arme Kind! Aber die Frauen werden nicht gefragt, ob sie bereit sind. Wenn sie einen Mann haben, bekommen sie eben Kinder und müssen sehen, wie sie klarkommen. Von Erziehung hatte meine Mutter wenig Ahnung. Ich kann ihr nicht böse sein. Irgendwann hat sie sich immer wieder abgeregt.

Über seine Mutter darf man nicht schlecht denken. Niemals! Die Mutter ist die erste, deren Stimme man hört. Das Erste, das man zu Essen bekommt, ist von ihr. Schon im Bauch hört man ihren Herzschlag. Wie also sollte man schlecht über die eigene Mutter denken? Ich jedenfalls habe nie schlecht über meine Mutter gedacht. Manche der anderen Kinder tun das. Ich aber verstehe das nicht. Wie kann man das tun? Die eigene Mutter ist so etwas wie eine Heilige.
Das mit dem Schwimmen im Fluss war im Grunde harmlos. Als wir den Raketenwerfer gefunden haben, an dem wir munter herumhantierten, hätte wirklich etwas Schlimmes passieren können, aber wir hatten Glück.

Und dann gab es noch Palangi. Der hat auch dazugehört, zu meinem Leben in Afghanistan. Palangi, das ist mein Hund. Nicht irgendein Hund. Stark wie ein Tiger. Als er gerade geboren war, haben wir ihn gestohlen. Man denkt in dem Alter nicht besonders viel nach. Die Leute, die ihn hatten, hätten ohnehin nicht alle Welpen behalten können, also konnten sie froh sein, das wir ihnen schon mal eine abgenommen haben. Im hinteren Teil unseres Gartens haben wir Palangi in einer Kiste versteckt und heimlich aufgezogen. Wir haben immer gehofft, dass uns niemand auf die Schliche kommt. Heimlich haben wir die Kuh gemolken, um ihm Milch geben zu können. Die Kuh aber mochte uns nicht und hat um sich getreten. Die Versorgung Palangis war also nicht ungefährlich. Als er größer wurde, gab es Probleme, weil wir ihn nicht mehr in einer Kiste halten konnten und wir natürlich entdeckt wurden. Nach einigem Hin und Her, haben wir ihn dann aber doch behalten dürfen, und als es an der Zeit war, haben wir ihm die Ohren abgeschnitten. Vorher haben wir ihm eine Spritze gegeben. In Afghanistan geht man nicht zum Tierarzt. Da macht man solche Dinge selbst. Irgendwer wusste, wo wir die Medizin herbekamen, und dann hat das mit den Ohren auch geklappt. Palangi war auf den besten weg, zum Kampfhund zu werden und da stören Ohren nur, weil die anderen Hunde sich darin verbeißen können. Mit Ohren ist kein Sieg zu machen und nun, wo Palangi keine Ohren mehr hatte, und richtig stark war, hat er viele Kämpfe gewonnen. Einmal haben wir sogar ein Auto mit ihm gewonnen! Das mit den Hundekämpfen ist in Afghanistan normal. Es gehört zur Tradition. Palangi ist mittlerweile alt geworden und muss nicht mehr in die Kampfarena, sondern beschützt die Hühner, damit der Fuchs sie nicht holen kann.

Jawad, das bedeutet: der Hübsche. Hatte ich das erzählt? Nicht, dass ich mir etwas darauf einbilde, aber ich glaube wirklich, dass ich ganz gut aussehe. Als ich etwas älter geworden war, wurde das mit dem hübsch aussehen plötzlich zu einem Problem. Ich durfte die Haare nicht lang tragen, um nicht auszusehen wie ein Mädchen. Hübsch zu sein und dabei auszusehen wie ein Mädchen, war gefährlich, denn es gab die Männer, die einen mitnahmen, um wirklich schlimme

Sachen mit einem anzustellen. Man musste vor ihnen auf der Hut sein. Sie steckten Jungs in Kleider und behandelten sie wie Mädchen.
Einer, sie nannten ihn Comandante, hatte es auf mich abgesehen. Ein hohes Tier bei der Polizei, und wenn so einer ankündigt, einen mitnehmen zu wollen, sollte man das auf jeden Fall ernst nehmen. Es gab keine Sicherheit, dass er es nicht tun würde. Die Polizei war nur tagsüber da. Nachts war niemand mehr von ihnen zu sehen. Wenn die Taliban durch die Straßen liefen, gab es keine Polizei mehr und keine Sicherheit. (Schon gar nicht für hübsche Jungs!) So etwas wie ein Jugendamt gibt es bei uns nicht, wenn jemand verschwindet, ist er weg. So einfach ist das.
Und eines Nachts sagte meine Mutter: „Du musst gehen!" Irgendwer hatte auf den Comandante geschossen und ihn am Fuß verletzt. Man würde mich verdächtigen oder meinen Vater. Ich musste weg. Wir haben geweint, aber ich wusste, dass ich zuhause nicht mehr sicher war, vor dem Comandante nicht und vor den Taliban nicht, und so ging ich.
Mir fehlt unser Lehmhaus und ich denke oft an Afghanistan.

Wie soll ich das beschreiben? Eine Flucht. Flucht, das hört man jeden Tag im Radio. Die Leute verfolgen die Berichte im Fernsehen und man selbst weiß, dass man das, was man erlebt hat, nie wieder los wird. Mir hängt sie im Genick, die Flucht - oder sonst wo. Jedenfalls weiß ich, dass ich das alles nicht vergessen kann. Vielleicht bleiben die Erinnerungen mein ganzes Leben. Keine Ahnung.

„Du musst gehen!"

Wie so viele. Wenn man zwölf ist, versteht man das gar nicht. Man weiß nicht, was es bedeutet zu gehen. Gehen? Wohin? Woher weiß man, wenn man geht, dass man auch irgendwo ankommt?

Ohne dass ich wusste, was auf mich zukommen würde, saß ich mitten in der Nacht zwischen fremden Leuten in einem Bus. Eine Familie kannte ich. Die Frau, ich nenne sie Parwana, hatte Geld bekommen und versprochen, auf mich zu achten, aber ich spürte bald, dass sie mich nicht als einen von ihnen betrachteten. Ich gehörte nicht dazu. Da fühlt man sich sehr alleine und einsam. Einsamkeit ist schwer auszuhalten. Ich war klein. Und auch wenn ich schon alles Mögliche angestellt und mich groß dabei gefühlt hatte, nun fühlte ich mich klein, und was schlimmer war: Ich spürte, wie ich schrumpfte. Innerlich. Immer kleiner wurde ich. Wenn ich sah, wie ein anderes Kind von seinem Vater einen Schal umgelegt bekam, weil es nachts kalt wurde, fühlte ich mich klein. Ich fror auch, nur dass es niemanden interessierte. Ich hatte Hunger und konnte es nicht fassen, dass die anderen Kinder etwas in den Mund gestopft bekamen und man mich einfach vergaß. Wie geht das? Wie kann man sein eigenes Kind füttern und ein anderes, das einen wahrscheinlich mit großen Augen ansieht und das direkt daneben sitzt, vergessen? Was heißt vergessen? Stimmt streng genommen gar nicht. Vergessen ist ja etwas, das damit zu tun hat, nicht dran gedacht zu haben. Es war mehr als Vergessen. Ich spielte keine Rolle. Es war ihnen egal, ob ich Hunger hatte oder fror. Ich wünschte, es wäre auch jemand bei mir gewesen. Einer, der eine Decke oder ein Stück Brot für mich gehabt hätte. Das Jammern liegt mir nicht, aber ich habe mich schon ziemlich schlecht gefühlt.
Das muss ich zugeben.
Ich weiß nicht mehr genau, wo wir überall gewesen sind. Bis nach Nimruz hatten wir es dann erst einmal geschafft. In Nimruz strandeten viele Flüchtlinge und versuchten, von dort aus weiter nach Pakistan zu kommen. Nicht alle schafften es. Viele Flüchtlinge blieben in Nimruz, lebten auf den staubigen Straßen und hatten aufgegeben, irgendetwas daran ändern zu wollen. Über-

all gab es Drogen. Viele Süchtige, die sich betäubten und keine anderen Ziele mehr hatten, als sich die nächsten Drogen zu besorgen. Man kann sich das nicht vorstellen, wie die Leute da leben.
Damals kam mir das schlimm vor, aber ich sollte noch ganz andere Sachen sehen und erleben.
Unser Schlepper versprach eine Menge - wie alle Schlepper. Schlepper stehen in Konkurrenz miteinander. Überall boten sie sich an. Jeder versprach etwas anderes. „Wenn du mir Geld gibst, bringe ich dich da und da hin. Da kenne ich jemand und der bringt dich dann weiter ..." Meine Mutter hatte mir etwas Geld gegeben, dass ich im Socken versteckt hatte. Ein Schlepper erzählte schlimmere Geschichten als der andere. Sie übertrafen sich gegenseitig. Der eine behauptete, die Grenze ist auf, der andere, dass sie zu ist. Letztlich war alles gelogen. Einem aber musste man vertrauen, sonst ging es nicht weiter.
Mit einem gingen wir nach Hause. In zwei, drei Tagen würde es weiter gehen, versprach er. Dann hieß es plötzlich, die Taliban haben sich mit der Polizei Gefechte geliefert und nun sei der Grenzübergang zu. Dann mussten wir gehen. „Ich kann nichts mehr tun für euch", sagte der Mann, auf den wir unsere Hoffnung gesetzt hatten, und uns blieb nichts anderes übrig, als unsere Sachen zu packen und in ein Hotel zu ziehen und dort zu warten. Eine Nacht im Hotel war auch nicht schlecht. Ich erinnere mich, dass ich wie ein Stein geschlafen habe. Wir hofften darauf, dass wir einen treffen würden, der uns weiter bringen konnte. Hofften auf einen Wink, hielten die Ohren offen.
Schließlich glaubten wir einem Mann, der unseren Schlepper als Lügner bezeichnete und der uns versprach, einen Weg über die Grenze zu kennen.
Nun sollten wir ihm vertrauen. Das war immer so eine Sache, aber was hätten wir tun sollen? Also vertrauten wir ihm. Jemand zu vertrauen, den man nicht kennt, ist gar nicht so einfach. Man versucht, ihm tief in die Augen zu sehen und

sich dann ein Bild zu machen, das geht aber nicht wirklich, man tut aber so. Ein Pritschenwagen, ich glaube so nennt man diesen Typ Auto, wartete auf uns. Man winkte uns zu. Sechzehn Personen zusammengepfercht auf der Ladefläche, ich auf dem unbequemsten Platz, hinten, mit der Angst im Nacken, einzuschlafen und einfach runterzufallen. Ich hatte immer den unbequemsten Platz und wusste, es hätte sich niemand daran gestört, wenn ich runtergefallen wäre. Die anderen wären über den Platz, den ich frei gemacht hätte, froh gewesen. Wahrscheinlich hätten die meisten nicht mal gemerkt, wenn ich plötzlich verschwunden gewesen wäre. Man hätte mich liegen lassen. Auch das wusste ich. Die nachfolgenden Fahrzeuge wären über mich gerollt und fertig. Viele sind so gestorben. Kinder, deren Mütter es gut gemeint haben, und die ohne Schutz waren, gingen schnell verloren. Ich aber hielt mich wach, klammerte mich an irgendetwas fest, von dem ich glaubte, dass es mir Halt geben würde und betete: „Gott hilf mir."

In solchen Situationen vertraue ich ihm. Er weiß schon, wie es für mich in meinem Leben weitergeht. Das hat mir geholfen, die Angst zu besiegen. Die Einsamkeit aber ist schlimmer als die Angst. Wenn man sich alleine fühlt, ist das schon kein so gutes Gefühl, und auch auf dieser Fahrt habe ich mich scheiß einsam gefühlt. Man denkt dann schnell an die Zeiten, wo noch alle da waren und wird ziemlich traurig und muss aufpassen, dass man nicht zu heulen anfängt.

Die Geschwindigkeit, mit der wir fuhren, war schon richtig krass. Ich kann mich nicht erinnern, dass ich jemals schneller unterwegs gewesen wäre.

Es dauerte nicht lange und mir taten alle Knochen weh. Ich hatte Schmerzen, die auch nicht besser geworden sind, wenn ich mich mal nach links oder rechts gedreht habe. Das lag auch daran, dass nicht viel dran ist an mir - und ich wieder einmal den unbequemsten Platz hatte. Die etwas bequemeren Plätze

hatten die anderen Kinder, die mit ihren Vätern zusammen waren, oder ihren älteren Brüdern, mit irgendwem, der dafür gesorgt hatte, dass sie nicht den schlechtesten Platz bekamen. Ich aber musste nehmen, was übrig blieb. Die Fahrt würde irgendwann zu Ende sein. Man würde eine Pause einlegen. Pausen aber gab es kaum. Der Wagen donnerte acht Stunden lang durch die staubige Wüste. Straßen gab es nicht. Man musste immer zusehen, dass man fortkam, bevor irgendwer uns entdeckte. Wir fuhren und fuhren. Solange bis man uns anhielt und alle Männer vom Wagen holte. Ich war noch kein Mann, aber da machte man keinen Unterschied. In Afghanistan zählt man als Mann, sobald man die rechte von der linken Hand unterscheiden kann, spätestens aber mit zwölf. Mit zwölf saß ich nicht mehr bei den Frauen. In Deutschland ist das anders. So vieles ist in Deutschland anders.
Sie wollten Geld, auch mein Geld, das ich bei Parwana versteckt hatte und das sie nun nahmen. Und dann schickten sie uns los. Die Frauen fuhren weiter, wir mussten laufen. Man kann wahnsinnig weit laufen, sobald einem nichts anderes übrigbleibt, und man denkt nicht mehr, wenn man so lange läuft. Ohne trinken zu können, denkt man nicht.

„Lauft weiter. Es ist gleich geschafft. Hinter dem nächsten Berg steht ein Auto, das euch weiterbringt", rief einer von ihnen. Immer wieder Lügen. Kein Auto. Hinter dem nächsten Hügel war gar nichts, nur wieder ein Berg. Wir liefen und liefen, ohne Wasser. Lauter Menschen, schwarze Punkte auf den Wegen. Wieviele waren wir? Die sechzehn von unserem Laster, andere von anderen Wagen, aus Bussen, von sonst woher, die alle liefen und liefen - wie Ameisen auf ihrer Straße. Hunderte von Ameisen, tausende wahrscheinlich. Ein Riesenstamm Wüstenameisen - ich eine von ihnen.
Aus den zwei Stunden wurden vier, dann sechs. Ein ganzer Tag. Ohne Wasser. Durst ist schlimmer als Hunger, schlimmer als Heimweh. An nichts anderes

habe ich gedacht, als an etwas zu trinken.
Dann war es so weit: Ich habe Wasser gesehen. Ein Bach schlängelte sich durch eine Senke. Ein Fluß. Ich sah ihn, wie er silbrig glänzte, stellte mir vor zu trinken, darin zu baden.

„Da ist Wasser. Lasst uns hingehen!"

„Da ist kein Wasser, du Idiot!"

Man schlug mir mit der flachen Hand in den Nacken. Kein Wasser. Das Wasser war nur in meinem Kopf. Aber ich hätte schwören können: Da war Wasser! Bestimmt! Sie aber schlugen mich, trieben mich weiter.

„Kein Wasser!"

„Doch! Sieh hin!"

Das Wasser verschwand im Staub. Ohne Wasser ging es nicht mehr. Man spürt, wie man vertrocknet, ganz allmählich zu Leder wird, wenn man nichts zu trinken bekommt. Ich lief, ohne mich zu spüren. Wir alle liefen, ohne uns zu spüren. Einen Schritt vor den anderen, ohne an etwas zu denken. Automatisch. Immer, wenn wir einen Hügel raufgegangen waren, suchten wir einen Lastwagen, den es nicht gab und liefen weiter.

„Ganz bestimmt. Hinter dem nächsten Hügel steht er!" Wer sollte das noch glauben?

Manche bekamen Angst, wollten nicht weiter, konnten nicht mehr. Eine der wenigen Frauen, blieb sitzen, wollte, dass man sie zurückließ, alleine weiterzog. Wir zerrten sie mit.

Angst ist keine Lösung. Wenn man Angst hat, wird es wirklich schlimm. Dann geht es nicht mehr. Angst lähmt einen. Gott aber hilft. Er kennt meinen Weg. Allah bitte hilf mir!

Zwischendurch dachte ich an die Alten bei uns im Ort, denen ich so oft zugehört hatte und die „schon viele Kleider alt gemacht hatten." So sagt man das

bei uns, wenn sie einem erzählen wollen, was sie schon alles erlebt haben und dass sie alt und klug sind.
Ich würde Dari sprechen müssen. Das wusste ich. Dari ist die Sprache meines Vaters. Mit meiner Mutter habe ich Paschtu gesprochen. Ich habe also eine Muttersprache und eine Vatersprache. Dari kann ich perfekt. Es macht mich stolz zu sprechen, wie es mein Padar getan hat. Mit Padar spricht man bei uns seinen Vater an. Eigentlich habe ich nur noch meinen Stiefvater, aber für mich war er wie ein richtiger Vater. Was mit meinem eigentlichen Vater ist, weiß ich nicht. Meine Mutter spricht nicht darüber. Als ich zwei Jahre alt war, ist er verschwunden. Wohin weiß ich nicht, ob er noch lebt, auch nicht. Ich habe oft danach gefragt, aber sie hat geschwiegen wie ein Grab. Irgendwann habe ich aufgehört zu fragen. In Afghanistan verschwinden viele Leute. Auch ich habe das irgendwann verstanden.

Als ich schon nicht mehr daran geglaubt habe, tauchten tatsächlich am Horizont Häuser auf. Häuser sind etwas Wunderbares, wenn man den ganzen Tag, ohne zu trinken gelaufen ist, weil man weiß: Dort, wo Menschen wohnen, gibt es auch was zu trinken.

* * *

Die im Kinderheim sagen, dass ich ziemlich überdreht bin. Ich merke das selbst oft nicht, aber ich muss mich einfach bewegen und bin den ganzen Tag damit beschäftigt, irgendwen zu ärgern. Wie damals ...
Nachts liege ich dann aber oft wach in meinem Bett und stelle mir viele Fragen. Was wird, wenn ich erwachsen bin? Darf ich hier in Deutschland eine Ausbildung machen? Werde ich dazu gehören, oder wartet man darauf, mich

abschieben zu können? Sie sollen mich nicht wieder nach Afghanistan zurück schicken. Ich habe diese Berichte von Massenabschiebungen gehört. Die machen mir Angst. Afghanistan ist nicht sicher, wie sie behaupten. Wie soll ein Land sicher sein, in dem man nicht weiß, wo wer gerade gegen wen kämpft? Überall Krieg. Da ist gar nichts sicher, und ich habe Angst, dass sie mich zurück schicken. Wenn ich in Afghanistan wäre, würde ich von Deutschland träumen. Das können sich viele gar nicht vorstellen. „Man will doch zurück, dahin, wo man geboren worden ist", sagen viele, aber, wenn da nichts ist, auf das man hoffen kann? Was dann? Wenn es keine Perspektive gibt?

Fast wäre alles umsonst gewesen. Fast. Das hat mit meinem „Haifischbiss" zu tun, aber ich glaube, das muss ich erstmal erklären: Im Dezember musste ich operiert werden. (Eine Sache, über die ich jetzt nicht so genau reden will.) Ein paar Tage zuvor waren wir noch alle zusammen auf dem Weihnachtsmarkt und sind Karussell gefahren. (Auch da war ich ein bisschen überdreht, aber mir machen solche Dinge einfach viel Spaß.) Auf jeden Fall hatten wir einen schönen Nachmittag. Abends waren wir zusammen mit Herrn Becker Pizza essen und haben über meine anstehende Operation gesprochen. „Nichts Schlimmes. Abends bist du wieder zuhause", hieß es. „Am Morgen danach kannst du wieder laufen und alles machen." Das war beruhigend. Ein bisschen Angst hatte ich aber trotzdem. Normal. Wer hat keine Angst, wenn jemand bei einem etwas aufschneidet?
Gleich nach der Operation wusste ich, das etwas schief gegangen war. Man spürt so was. Ich bin wach geworden und dachte: „Da funktioniert was ganz und gar nicht!" Mir ging es schlecht. Etwas lief nicht so, wie sie es sich gedacht haben. In der Praxis aber haben sie mich erst mal nach Hause geschickt.
Ich habe Schmerzen bekommen, Schmerzen und Fieber und dann war plötzlich

mein Bauch ganz blau. Das alles war schlimm, aber nichts im Gegensatz zu dem, das noch auf mich zukommen sollte. Man kann sich so viele Sachen gar nicht vorstellen, und wenn ich ehrlich bin: Das ist auch gut so. Wenn man immer wüsste, was auf einen zukommt, man würde verzweifeln.
Ich wusste jedenfalls nicht, was auf mich zukommen sollte. Die Schmerzen wurden schlimmer, ich bekam Fieber und zum Glück war ein Erzieher da, der sofort kapiert hat, dass da etwas völlig schief läuft. Abends kam ich in die Uniklinik. Die Schmerzen wurden immer schlimmer und mir war so schlecht, dass ich mich die ganze Zeit übergeben musste. Ich musste alleine mit dem Krankenwagen fahren, weil der Erzieher ja nicht die anderen sieben Kinder mitnehmen konnte und alles ziemlich schnell gehen musste. Das musste man den Leuten vom Krankenwagen erstmal verklickern. Die wollten mich erstmal gar nicht mitnehmen, einen Minderjährigen ohne Begleitung, das geht in Deutschland nicht so einfach. Das ist schon wieder ein bisschen lustig: Da fliehe ich, kaum zwölf Jahre alt, über Monate, bin fast verhungert, lande in Gefängnissen und sehe tote Menschen und all die anderen schrecklichen Dinge und hier wollen sie einen Minderjährigen nicht ohne Begleitung in einem Krankenwagen mitnehmen. Die Rettungssanitäter mussten erst telefonieren und dann endlich luden sie mich ein. Das war schlimm. Ich hätte natürlich gerne jemand dabei gehabt, aber alles musste so schnell gehen und es war schon ziemlich spät. Ein paar der Kinder waren schon im Bett. „Morgen geht's dir wieder besser", hieß es schon wieder, aber auch das stimmte so nicht, konnte aber niemand wissen.

Die Schmerzen waren nicht in den Griff zu kriegen. Die Einzelheiten weiß ich gar nicht mehr so genau. Auf jeden Fall haben die Medikamente nicht gereicht und schließlich musste ich nochmal operiert werden. Als ich wach wurde, wusste ich gar nichts mehr, nur, dass etwas Schlimmes passiert war.

Da war es wieder, das Gefühl, allein zu sein. Ich lag in meinem Bett und es war keiner da. Wie auch? Trotzdem schlimm. Wie auf der Flucht. Immer allein.
Wo war ich?
Irgendein Arzt hat erklärt, dass ich von Frankfurt nach Aachen verlegt worden war und man mich in der Nacht zuvor in der Uniklinik in Frankfurt stundenlang operiert hat.
Nichts von all dem habe ich kapiert.
Aachen. Wo liegt Aachen?
Ich verstand gar nicht, was passiert war. Die Ärzte waren nett, haben es mir erklärt und dabei ganz laut gesprochen. Ich glaube, weil sie gedacht haben, dass mein Deutsch nicht gut ist. Da spricht man automatisch lauter. Als ob man schwerhörig ist, wenn man nicht alles versteht. Aber wie soll man auch verstehen, wenn man plötzlich auf der einen Seite keine Bauchdecke mehr hat und einem die Muskeln fehlen? Ich verstand gar nichts, war mir auch egal. Ich wollte nur zurück ins Kinderheim. Das habe ich denen auch sofort gesagt.
Sie haben mir einfach mein Six-Pack rausgeschnitten. Man kann einem Dreizehnjährigen nicht einfach sein Six-Pack rausschneiden. Es ist wichtig, dass man so was hat. Die Wunde war offen, weil die Haut - Was haben sie mit der gemacht? - weg war. Da wo mein Six-Pack war, hatte ich nur noch ein Loch. Überall Schläuche. Für die Schmerzmittel die einen, für was die anderen waren, kann man sich denken, spielte aber keine Rolle. Irgendwie war das alles wie im Film. Einem, bei dem man lieber die Augen zumacht.

Neben mir lag ein Kind mit enorm großem Kopf, das unglaublich laut mit den Zähnen knirschte, sonst aber nicht viel tat. Die Eltern saßen bei ihm.
Bei mir war erstmal keiner. Die Ärzte telefonierten aber ständig mit den Leuten im Kinderheim und bestellten mir Grüße.

Man kann unglaubliche Sachen überleben. Das ist echt krass. Die Ärzte haben ganz besorgt um mein Bett rumgestanden und irgendwann habe ich dann verstanden, dass es verdammt knapp gewesen ist.
Alle zwei Tage haben sie mich wieder ins Koma gelegt, um die Wunde zu spülen und neu zu desinfizieren. Schmerzen hatte ich keine. Echte Hämmer, die sie mir da in den Körper gepumpt haben. Dann kam Besuch. Asja. Das ist die Leiterin des Kinderheims.
Das Bild ist nicht von mir, passt aber (irgendwie).

Ich habe wohl einen ziemlich mickrigen Eindruck hinterlassen, viel geheult und wollte, dass sie mich mitnimmt. Ich habe alle so schrecklich vermisst - selbst Asjas Schimpfen, wenn ich wieder mal nicht aufgeräumt oder die kleinen Kinder bei uns geärgert habe. Wenn einem selbst das Schimpfen fehlt, ist es schon weit gekommen mit einem, aber so war es.
Ich war sehr ungeduldig, wollte nur noch heim, wenigstens zurück nach Frankfurt. „Erst, wenn die Wunde zu ist", haben die Ärzte gesagt und mir erklärt, dass man mir, sobald man den Verband abnehmen würde, direkt in den Bauch sehen konnte. Das war echt gruselig. Dann hatten sie die Infektion im Griff. Mischbakterium, das Schuld daran war, dass in meinem Bauch alles mögliche abgestorben war und raus musste. Jetzt mussten sie das Loch nur noch zu kriegen. Dafür haben sie mir ein riesiges Rechteck Haut aus meinem linken Oberschenkel geschnitten. Meine Oberschenkel geben nicht besonders viel her. Ich gehöre zu den dünnen Jungen, aber sie haben Löcher in die Haut rein gestanzt und alles breitgezogen und mit 30 Metallklemmen haben sie die Haut über der Wunde angetackert. „Sie müssen nicht kommen, wenn er im Koma liegt", haben die Ärzte gesagt, also war ich wieder viel alleine, aber Herr Becker kam dann auch noch und hat mir nochmal alles erklärt. „Du bist fast gestorben", hat er gesagt. Er übertreibt gern und ich habe erst gedacht, es ist einer seiner Witze. Der verarscht dich, habe ich gedacht. Diesmal aber blieb er ernst, Keine Verarschung also. Er hat es nochmal gesagt. Bis ich es kapiert hatte, dass sie mich auf dem langen Weg, wieder gesund zu werden, nicht alleine lassen würden. Das war gut. Ich wusste, dass er das nicht einfach so hinsagt. (Später hat er mir Fotos gezeigt. Von der Wunde - krass! Das will sich niemand wirklich freiwillig ansehen. „Man muss genau hinsehen, damit man weiß, mit wem man es zu tun hat", hat er gesagt und ich glaube, da hatte er recht. Dadurch habe ich verstanden, dass es nicht einfach so weitergehen würde.)

Als ich endlich nach Frankfurt verlegt wurde, war es Sylvester. Ich hatte mich so darauf gefreut, weil ich das erste Mal in meinem Leben richtig viele Raketen in die Luft jagen wollte. Da habe ich tagelang vorher drüber geredet. Nun lag ich - wieder allein - in meinem Zimmer in der Kinderchirurgie der Uniklinik und sah auf den bunten Himmel. Sylvester scheint irgendwie wichtig für mein Leben zu sein, denn Sylvester bin ich auch in Deutschland gelandet. Ich hoffe, beim nächsten Sylvester wird nicht wieder was passieren. Da will ich nämlich dann mal feiern.

Der Arzt wollte mich gleich am 2. Januar entlassen. Mir war es recht, aber die im Heim haben die Hände über den Kopf zusammengeschlagen. Ärzte haben keine Ahnung, wie es in einem Kinderheim funktioniert. Dass da fünf Leute im Schichtdienst sind, dass man, wenn man alleine mit acht Kindern im Dienst ist, nicht einfach dreimal am Tag eine riesige (wirklich eklige!) Wunde versorgen kann.

Da lag dieses runtergekommene Kind, abgemagert bis auf die Knochen, bleich, wie die Wand, mit 30 Klemmen im Bauch und verkündete freudestrahlend, entlassen zu werden, und ich, so gut ich auch verstand, wie sehr es ihn nach Hause zog, war völlig außer mir. Wir würden zumindest ein geeignetes Bett ins Zimmer stellen müssen und dieses Bett musste erst gekauft werden. In sein Hochbett würde Jawad zunächst einmal gar nicht steigen können. Einen Tag länger in der Klinik, verhandelten wir, dann holte ich ihn ab und als ich abends hinfuhr, die Wunde zu versorgen, war mir klar, dass kein pädagogisch ausgebildeter Mensch dazu in der Lage sein würde, geschweige denn die Wundränder, wie notwendig, zu massieren. Sie würden in Ohnmacht fallen. Spätestens, wenn sie an die Stelle kommen würden, die so dünn war, dass man die Rippe durchschimmern sehen konnte. Ich habe in meinem ganzen Leben noch nie eine vergleichbar schwere Wunde gesehen.
Es geht so viel, wenn es muss. Was sollten wir tun? Wir konnten Jawad schlecht sagen, „du musst

dich leider selbst verarzten, wir können das nicht." Wie so oft gab es eine Portion Trotz. Ich sprach mit meinem Team und holte die Kinderärztin mit ins Boot, und letztlich wuchsen alle über sich hinaus. Es gibt nichts Verbindenderes für ein Team, als eine schier nicht zu bewältigende Aufgabe gemeinsam zu meistern. Es ist nicht übertrieben, wenn ich sage, dass ich wirklich stolz auf alle Kolleginnen und Kollegen aus dem Kinderheim bin. Wir haben es geschafft!

Für immer wird Jawad gezeichnet bleiben. So viel steht fest. Ich nenne seine Wunde „Haifischbiss." Die Mädchen wären sicherlich tief beeindruckt, würde er ihnen später die Geschichte erzählen, wie er im Hafenbecken den Kampf mit einem Fünf-Meter-Burschen gewonnen hat …

Vorsichtig gewannen wir unser Lachen zurück. Jawad hat es uns leicht gemacht. Er klagt nicht. Das heisst: nicht darüber. Er klagt über alles mögliche, aber weder über seine Fluchtgeschichte noch über seine Gesundheit.

Seit der Operation sind jetzt vier Monate vergangen. Alles ist gut verheilt und ich trage ein Kompressionshemd, in dem ich, jetzt wo es warm wird, schwitze und das ziemlich stinkt.

Zum Glück ist es fast wie früher: Ich gehe allen auf den Nerv, weil ich nicht still sitzen kann. Bewegen musste ich mich schon immer, aber im Moment muss ich die ganze Zeit an Sport denken. Ich muss wahrscheinlich noch ein paar Mal operiert werden, um die Narben zu verschönern. Zum Glück bin ich um eine große Sache rumgekommen, die sie erst mit mir vorhatten: Der Rückenmuskel, den sie rausschneiden wollten, um ihn vorne einzusetzen, bleibt, wo er ist. Zumindest das. Ich krieg das ohne Muskeltransplantation hin. Konnte ich mir eh nicht so recht vorstellen, wie das funktionieren sollte. Wenn man was vom Rücken rausschneidet, hat man da doch auch noch ein Loch …

Ich versuche, nicht so viel darüber nachzudenken. Was passiert ist, ist passiert. Das Leben geht weiter und man kann auch mit „Haifischbiss" eine Menge Spaß haben. Wenn mich jemand fragt, wie es mir geht, behaupte ich immer, dass es mir gut geht. Je breiter ich dabei grinse, desto eher glauben sie mir. Aber es passiert immer wieder: Irgendwo knallt es und ich hab alles wieder vor Augen: Sie schießen auf uns. Eine Tür, die in Schloss knallt, ein Luftballon, der platzt, und es kann passieren, dass ich Angst kriege und zittere.

Dann bin ich wieder in den Bergen und ducke mich. Wie weit sind sie entfernt. 100 Meter? Sie schießen! Ich bin doch noch ein Kind. Wer getroffen wird, bleibt liegen.

Einmal habe ich einen Toten gefunden. Ich dachte erst, ein Esel wäre in den Bergen verdurstet und habe ganz vorsichtig mit meinem Fuß dagegen getreten und dann habe ich es gesehen: es war ein Mann, der die Beine angezogen und sich ganz klein gemacht hat. So was vergisst man nicht. Ein erwachsener Mann, kauernd wie ein Kind. Wenn seine Mutter wüsste, dass er so elend gestorben ist und man ihn nicht mal beerdigt hat. Viele sind nicht beerdigt worden. Man gewöhnt sich dran. Zieht einfach weiter. Man hat auch keine Kraft, ein Loch zu graben. Womit auch? Und wieviele Löcher sollten das sein?

In Pakistan traf ich Parwana wieder. In meinem ganzen Leben war ich noch nie so erschöpft. Ich schlief wie ein Stein, träumte aber von dem Toten. Dabei war es nicht der erste Tote, den ich gesehen habe. Einmal ist eine Bombe ganz in meiner Nähe hochgegangen. Da war ich noch in Baghlan. Da habe ich Augen auf der Straße gefunden. Das muss man sich mal vorstellen. Augen! Und Finger, ganze Hände. So was hatte ich noch nie gesehen. Alles mögliche lag da rum. Auch daran denke ich manchmal immer noch. Je mehr man sich an solche Dinge gewöhnt, desto tiefer vergräbt man sie.

Wichtig, wenn man sich in Pakistan aufhält: Man sollte vermeiden, Dari zu reden. Wenn man in Pakistan Dari spricht, verrät man sich als Afghane. Man sollte nicht zu erkennen geben, dass man auf der Flucht ist. In Pakistan gibt es gute Ärzte. Man muss also sagen, dass man zum Arzt will und darauf hoffen, dass sie einem glauben.

Meine Flucht zog sich hin. Immer wieder saß ich mit anderen auf einem Pritschenwagen und spürte bald meine Knochen nicht mehr, an irgendeiner Grenze bezahlte man, damit uns ein anderer mitnahm, schlief irgendwo ein paar Stunden, fuhr weiter, bezahlte wieder, stieg um, fuhr weiter, schlief. Manchmal war ich von oben bis unten dreckig. Im Hellen sah man uns. Da konnten wir nicht laufen, also liefen wir nachts. Hunderte von Menschen, die nachts über die Berge liefen, machmal wie dunkle Perlen an einer Schnur aufgefädelt. Alle hintereinander über einen so engen Weg, dass zwei nicht nebeneinander passten. Ich kann klettern wie eine Ziege. Angst hatte ich, aber nicht so viel wie bei den Schüssen. Ich trug drei Taschen von Parwana. Jawad, der Gepäckesel, aber irgendwie hab ich auch das geschafft. Irgendwann landeten wir in einem Ort, versteckten uns in verlassenen Häusern und warteten, dass jemand kam, unser Codewort sagte und wir wussten, dass es weiter ging. Jede Gruppe hatte ihr eigenes Codewort und wenn man das irgendwo hörte, wusste man, dass es weiterging.

Manchmal zu viert auf einem Motorrad. Das, auf dem ich mitgenommen wurde, verlor ständig die Luft aus einem der Reifen, und wer musste es alle paar

Minuten aufpumpen? Ich! Wer sonst? Ich war immer der Schwächste und musste die wirklich blödesten Arbeiten übernehmen und mit allem zufrieden sein.

Endlich brachte man uns zum Grenzübergang nach Iran.

Wir landeten erst einmal bei einem Schlepper zu Hause, der aber nicht genügend Platz hatte und uns in ein billiges Hotel umziehen ließ. Wir ahnten noch nicht, dass hier für uns erst einmal Endstation war.

Tage, Wochen vergingen. Wir kamen nicht weiter.

Dann kamen sie und verfrachteten uns in einen Bus. Alles umsonst. Vier wochen Strapazen. Vier wochen Flucht lagen hinter uns. Eine schreckliche Zeit. Als afghanische Flüchtlinge waren wir im Iran weniger wert als Hunde. Sie schlugen uns mit dicken Schläuchen. Wenn wir zu langsam waren, irgendwas wollten, fragten oder einfach nur so. Hauptsache, sie konnten uns schlagen.

Und dann landeten wir wieder in Afghanistan. Nicht zuhause, dann hätte ich wenigstens meine Mutter begrüßen können, sondern in Kandahar.

Ich wusste erst gar nicht, wo wir waren. Kandahar ist die drittgrößte Stadt Afghanistans. 370.000 Einwohner. Man kennt den Namen hier, weil sie berichten, wenn dort wieder irgendetwas in die Luft geflogen ist. Es ist Krieg. Fast überall und ständig fliegt etwas in die Luft. Das wusste ich damals aber nicht.

Irgendwann landete ich wieder im Iran. Vor der Polizei hatten wir Angst. Sobald Polizei auftauchte, waren wir ganz leise, haben kaum noch geatmet.

Ich habe gebetet. Immer wieder gebetet, und Allah hat mich ganz dünn gemacht. So dünn, dass ich einmal hinter einem Baum stand. Der Mann, vor dem ich mich versteckt habe, hätte mich sehen müssen, der Baumstamm war nicht dick. Ich aber auch nicht. Und in diesem Moment hat Allah mich unsichtbar gemacht. Jedenfalls hat der Mann mich nicht entdeckt, sonst wäre ich auch nicht hier. Von einem Auto zum anderen, ein paar Stunden fahren, irgendwo ankommen und sehen, dass man eine Scheibe Brot bekam und möglichst wenig Schläge. Es reichte, dass etwas Unvorhergesehenes passierte, und die Schlepper waren plötzlich wie vom Erdboden verschwunden. Da hatten wir Angst, dass es nicht weiter ging, man uns einfach vergessen würde.

Zum Glück bin ich immer wieder weiter gekommen. Nach Pakistan in die Türkei, nach Griechenland, Bulgarien, Kroatien, Jugoslawien und Österreich und irgendwann, deshalb bin ich ja hier, bin ich in Deutschland angekommen.

Manchmal habe ich Angst, meine Sprache zu vergessen. Vielleicht, wenn ich zu viel deutsch rede, vergesse ich sie wirklich, und dass ich zu viel rede, steht fest. „Du redest so viel, dass es für beide Sprachen reicht." Auch wieder so ein Satz, den man glauben kann oder nicht.

Ich habe viel erlebt. Das stimmt schon und ich werde eine ganze Zeit noch Geschichten erzählen, die Robert Becker für mich aufschreibt. Es kann sein, dass es ein ganzes Buch wird. Mal sehen. Ich glaube, dass es ein Buch wird, wahrscheinlich sogar ein ziemlich dickes.

Liebe Grüße, euer Jawad.

Unser Dank

… allen Verantwortlichen aus dem Frankfurter Sozialdezernat, dem Landesjugendamt und der Grundsatzabteilung des Jugendamtes der Stadt Frankfurt, den Mitarbeiterinnen und Mitarbeitern des Allgemeinen Sozialdienstes, sowie Herrn Brocke vom damaligen „Kasseler Bund e.V", die uns damals unterstützt haben.

… den ehemaligen Kolleginnen und Kollegen aus dem Bürgermeister-Gräf-Kinderheim der Stadt Frankfurt am Main, die wir von unserem Vorhaben überzeugen konnten, für ihr Engagement bei den Renovierungsarbeiten und dafür, dass sie den Mut aufgebracht haben, einen sicheren Weg zu verlassen, um in eine neue Richtung zu gehen.

… allen Mitgliedern, insbesondere den Gründungs- und Vorstandsmitgliedern, die mit uns kein Risiko gescheut und Mut bewiesen haben, für ihr ehrenamtliches Engagement, sowie den Freunden und Förderern der Kooperativen Erziehungsarbeit e.V.

… allen Mitarbeiterinnen und Mitarbeitern aus dem Kinderheim „An den 3 Steinen" und aus dem „Betreuten Wohnen", die über all die Jahre mit ihrer Professionalität unsere Idee weiter getragen haben, für ihren Teamgeist und ihre außergewöhnliche Einsatzbereitschaft, für ihre Loyalität und das humorvolle Miteinander.

… den Kindern und Jugendlichen, die uns damals vertrauten, mit uns umzogen und die das Bürgermeister-Gräf-Kinderheim verließen, ohne zum Abschied zerstörerische Spuren zu hinterlassen, und allen Kindern und Jugendlichen, die nach ihnen kamen, für die schöne Zeit und die vielen wertvollen Begegnungen.

… den Eltern, die uns ihre Kinder anvertraut haben.

… meiner Frau, Elisabeth Wieding-Becker, für ihre Loyalität und ihr Engagement, ohne die Vieles nicht so geworden wäre, wie es heute ist.

… allen, die für dieses Buch ihren Beitrag geliefert haben. Ohne euch wär's nichts geworden!

Und ganz zum Schluss

Ein Buch sollte einen Anfang und ein plausibles Ende haben. Zumindest behauptet das meine Lektorin. Nun gut, sicherlich ist das gar nicht verkehrt, aber so richtig will ich nicht ran an das letzte Kapitel. Es hat einfach zu viel Spaß gemacht, dieses Buch zu schreiben. Ein echtes Gemeinschaftsprojekt: Viele Kinder, Jugendliche und Erwachsene haben sich daran beteiligt.

Beim Schreiben ist mir einmal mehr klar geworden, was wir für ein Glück gehabt haben: Wir konnten unsere eigenen Ideen umsetzen und was noch besser ist: jeden Tag haben wir neue. Es geht also immer weiter. Es ist deshalb kaum möglich, ein Ende zu finden.

Vieles haben wir richtig gemacht.

Mir macht meine Arbeit nach wie vor Spaß. Mich freut es noch immer, wenn meinen „natürlichen Feinden" bei den Diskussionen um Ordnung und Sauberkeit die Argumente ausgehen und sie mich hilflos anstarren. Manchmal versuchen sie mir das Gefühl zu geben, dass ich nun „alt" bin und es natürlich ist, dass ich nicht mehr viel vom ihrem Leben verstehe. Ich lasse sie in dem Glauben und nehme eine gebeugte Körperhaltung an, denn ich weiß, es wird nicht lange dauern und sie scheitern an der einfachen Frage, wie man seinen Strom anmeldet oder eine Verdienstbescheinigung richtig liest.

Es ist nach wie vor ein gutes Gefühl, so vielen jungen Menschen aus ganz unterschiedlichen Kulturkreisen zu begegnen. Es gibt viel, das wir von ihnen lernen. (Warum sie ihre Jeans tragen, als hätten sie mit vollen Windeln zu kämpfen, habe ich trotzdem nie verstanden. Uns was sollen diese neuen Frisuren, die aussehen wie Osternester? Bei uns damals war das anders: Da saßen die Jeans noch, wie Jeans sitzen sollten. Früher war alles besser, wir waren adretter und haben uns besser benommen. Dann aber schaue ich mir alte Fotos an: Wir trugen Dauerwellen (!) und hatten bunt gemusterte Hemden an … Jeder Zeit ihre modischen Entgleisungen. Es tröstet mich zwar, dass auch die jungen Leute, die wir heute betreuen, später einmal kopfschüttelnd durch ihre Fotogalerien klicken werden, aber ich bin überzeugt: Es hat sich weniger verändert, als wir immer behaupten.)

Wenn ich gefragt werde, was ich beruflich mache, muss ich mir genau überlegen, was ich sage. „Ich leite einen Jugendhilfeträger", ist keine gute Antwort. Die Menschen wissen nicht, was ein Jugend-

hilfeträger ist und sehen mich irritiert an. Die zwangsläufig nachfolgenden Erklärungen tragen nicht zu einer lebendigen Unterhaltung bei. Wenn ich „zugebe" ein Kinderheim zu leiten, weil die Menschen schon eher wissen, was ein Kinderheim ist, sind die Antworten oft irritierend für mich: „Das ist gut. Jemand muss sich um die armen Würmer kümmern." Arme Würmer? Sie meinen hoffentlich nicht diese wohlgenährten, laut krakeelenden Biester, die nichts anderes im Sinn haben, als uns ein bisschen auf die Nerven zu gehen? „Ganz recht", antworte ich, „jemand muss diesen Job machen", danach versuche ich mich schnell zu verabschieden (noch bevor die anderen Fragen auf mich herein prasseln). „Was für Kinder haben Sie denn?" Oh unsere Kinder haben zwei Beine und zwei Arme", möchte ich antworten, was ich nicht tue, weil ich weiß, dass es sich nicht gehört. Es ist nicht gelogen, wenn ich an dieser Stelle erwähne, dass sich Menschen immer noch darüber wundern, dass es bei uns keinen Schlafsaal gibt.
„Das ist eine harte Arbeit, mit gestörten Kindern zu arbeiten." Unsere Kinder sind liebenswert und frech, wie alle Kinder. Auch die, die wirklich Schlimmes erlebt haben und dadurch ein wenig verhaltensoriginell, wie es unsere erste Heimleiterin, Sabine Michel, einmal ausgedrückt hat, geworden sind, bleiben Kinder und sind mehr als Fälle mit Störungen. Vielleicht fordern sie uns in stärkerem Maß heraus als andere, vielleicht sind aber auch wir es, die sie fordern. Wer weiß das schon?

Manche Kinder und Jugendlichen machen es einem tatsächlich nicht ganz einfach. Gerade bei ihnen sollten wir am Ball bleiben. Oftmals haben sie genau diese Erfahrung in ihrem Leben noch nicht gemacht. Dass es jemand gut mit ihnen meint, nicht bei den ersten Problemen wieder „abtaucht", kennen sie oft noch gar nicht. Nicht alle Probleme müssen wir gleich lösen. Manches braucht Zeit und Ruhe. Geduld ist zwar nicht meine besondere Stärke, aber immer wieder gefragt.
Und wenn es gelingt, sie aufzubringen, erzählen die Kinder manchmal ganz unverhofft, einfach, weil die Situation passend ist. Es kann sein, dass Wochen, manchmal viele Monate vergangen sind, aber irgendwann erzählen sie das, was wirklich wichtig für sie gewesen ist. Sie lehnen sich an und erzählen. Das sind wunderbare Momente.

Es passiert, dass mich mitleidig milde Blicke treffen, wenn ich über meine Arbeit berichte. „Da haben Sie aber eine Menge Verantwortung am Hals", stellen meine Gesprächspartner fest und ich nicke, weil es stimmt. Manchmal, das gebe ich zu, denke ich das auch, dabei ist es ein Privileg, wirklich etwas bewegen zu können. Kinder und Jugendliche zu unterstützen, macht uns reich.

Ich tue das, was ich tue aber auch aus eigennützigen Gründen: Ich will, dass möglichst viele von ihnen befähigt werden, später einmal meine Rente zu finanzieren. Außerdem bleibt man – so hoffe ich wenigstens – jung, wenn man viel mit Jugendlichen zu tun hat, zumindest geistig.

Trotz allem: Manchmal ist es anstrengend, aber nicht wegen der Kinder, die wir betreuen. Die Zeiten haben sich geändert. Die Zusammenarbeit mit den Behörden macht oftmals keinen Spaß mehr. (Zum Beispiel, wenn junge Ausländer ihre Arbeitsstelle verlieren, weil die MitarbeiterInnen der Ausländerbehörde eine Duldung, die noch nicht abgelaufen ist, nicht vorzeitig verlängern wollen, dies aber für einen neuen Arbeitsvertrag notwendig wäre. Dann spüre ich, dass es weniger Spaß macht, als früher.)

Wenn die, die wir aus der Jugendhilfe entlassen können, keine Wohnung bekommen, weil sie noch keinen Arbeitsvertrag unterschrieben haben und den nicht angeboten bekommen, weil sie keinen festen Wohnsitz vorweisen können, verstehe ich, warum manche lieber das Handtuch werfen wollen und Gefahr laufen, in alte Muster zurück zu verfallen.
Jugendhilfe kostet ein halbes Vermögen, und es sollte unser aller Ziel sein, alle, die sich selbst finanzieren können, darin zu unterstützen, dies auch tun zu können.

Vieles ist komplizierter geworden. Wo früher Zeit war, die Jugendlichen zu betreuen, laufen heute die MitarbeiterInnen von Amt zu Amt und sitzen stundenlang auf Fluren und sind längst ungewollt Teil eines Zuständigkeits-Wirr-Warrs geworden. Ich habe Formulare gesehen, die junge Ausländer ausfüllen sollten, die selbst ich auf Anhieb nicht verstanden habe. (Ich hätte in der Schule besser aufpassen sollen, so viel steht fest.) Vieles, so glaube ich, könnte einfacher sein.
Die Zeiten haben sich geändert (ich hatte es bereits erwähnt, möchte dies aber nochmals tun, weil dies auch sein Gutes hat.) Wäre alles so geblieben wie früher, hätten wir keine Computer und würde es die nicht geben, hätte niemand die sozialen Netzwerke ins Leben gerufen, und gerade diesen haben wir immer wieder auch zu verdanken, dass wir mit Menschen in Kontakt bleiben, beziehungsweise treten können.

Gibt es nun Zufälle? In Zusammenhang mit Saskia hatte ich diese Frage schon einmal gestellt. Keine Ahnung, aber kurz bevor nun dieses Buch in Druck gehen sollte, meldete sich Saskia nach zwischenzeitlich wiederum zehn vergangenen Jahren wieder (als wollte sie sichergehen, dass sie noch nicht in Vergessenheit geraten ist). Sie sieht gut aus und sie lebt zusammen mit einem geduldigen Mann (wie sie schreibt) im Ausland in einem kleinen Haus – ihrem Zuhause. Das sind wunderbare Neuigkeiten.

„Und wie lange wollen Sie das noch machen?", fragen mich manche und sehen besorgt dabei aus. „Noch lange …, ich kann nämlich nichts anderes", antworte ich ihnen und meine es auch so.

Fünf Freiheiten

Die amerikanische Familientherapeutin Virginia Satir (1916-1988), eine wahre Pionierin des systemischen Denkens, hat mich nicht nur in meiner Ausbildung zum Therapeuten beeinflusst. Wer die nachfolgenden fünf Freiheiten genau betrachtet und versucht, diese in seinem Handeln umzusetzen, wird erkennen, dass dies nicht immer einfach, in jedem Fall aber hilfreich ist.
In meiner therapeutischen Arbeit *(www.praxis-robert-becker.de)* sind sie mir bis heute Orientierungshilfe.

„Die Freiheit, das zu sehen und zu hören, was im Moment wirklich da ist, anstatt was sein sollte, gewesen ist, oder sein wird“, steht für uns stellvertretend dafür, zu erkennen, dass immer wieder Veränderungen anstehen, um den bestehenden Anforderungen an Jugendhilfe auch zukünftig begegnen zu können.

„Die Freiheit, das anzusprechen, was ich wirklich fühle und denke, und nicht das, was von mir erwartet wird“, ist nie einfach: Erwartet wird oft genug, sich anzupassen und Ziele mit zu tragen, denen man persönlich nicht zustimmen will. Es hilft, in den inneren und nach außen gerichteten Dialog zu gehen, Mitstreiter und gemeinsam Lösungen zu finden.

„Die Freiheit, zu meinen Gefühlen zu stehen“, lässt uns unsere Unsicherheit und die damit verbundene Angst, aber auch die Kraft erleben, etwas bewegen zu können und oft genug auch die Freude, dass Veränderungsprozesse auch gelingen.

„Die Freiheit, um das zu bitten, was ich brauche“, ermöglicht uns Initiative zu entwickeln und gleichzeitig zu lernen, um Unterstützung zu bitten. Eine gute Erfahrung, nicht alles alleine bewältigen zu müssen.

„Die Freiheit, in eigener Verantwortung Risiken einzugehen, anstatt immer auf Nummer Sicher zu gehen und nichts zu wagen“, bereitet den jungen Menschen, die wir betreuen, wie uns selbst die größte Unruhe. Sie bedeutet, aus der Komfortzone in die Selbständigkeit zu gehen. Den Mut aufzubringen, auf die eigene Wahrnehmung und Kompetenz zu vertrauen, fällt nicht leicht, gehört aber auch zum Erwachsenwerden. Die ersten Schritte sind die schwersten, danach wird es leichter, wobei aus meiner Sicht das Erwachsenwerden nie so richtig abgeschlossen ist.

Virgina Satir, Mein Weg zu Dir, Köselverlag, S.27

Anhang

Chronologie

1996

Die Stadt Frankfurt gibt die Trägerschaft der meisten ihrer Kinderheime ab. Auf Initiative von Robert Becker (damals Gruppenleitung im städtischen Bürgermeister-Gräf-Kinderheim) gründet sich der Verein Kooperative Erziehungsarbeit e.V., wird Freier Träger der Jugendhilfe und bietet sich für die Nachfolgeträgerschaft an.
Einrichtung der Geschäftsstelle in Butzbach (Vereinssitz).
Verwaltung und Rechnungsführung übernimmt Elisabeth Wieding-Becker.

1997

Im Frankfurter Stadtteil Preungesheim wird zusammen mit Kindern, Jugendlichen und Freunden das zukünftige Kinderheim „An den 3 Steinen" renoviert.
Die Betriebserlaubnis wird erteilt.
Am 24. Juli 1997 findet der 22,5 Tonnen-Umzug statt. Vom Kleiderschrank bis zum Teddy findet alles seinen Platz im neuen Haus.
Das Kinderheim „An den 3 Steinen" nimmt unter der Leitung von Robert Becker und einem Team von 4 pädagogischen MitarbeiterInnen, sowie Elisabeth Wieding-Becker (Verwaltung und Rechnungsführung) seinen Betrieb auf und betreut fortan 8 Kinder und Jugendliche.
Die Kooperative Erziehungsarbeit e.V. etabliert das zusätzliche Leistungsangebot „Betreutes Wohnen" für Jugendliche ab dem 16. Lebensjahr mit zunächst fünf Plätzen und gründet seine erste Wohngemeinschaft im Frankfurter Stadtteil Bockenheim.

1998

Die Praxis für System- und Familienberatung mit Sitz in der Frankfurter Stiftstraße wird eröffnet. Kinder und Jugendliche sowie deren Familien können auf der Grundlage der Hilfeplanung familientherapeutische Unterstützung in Anspruch nehmen.

1999

Umzug der Praxis in größere Räumlichkeiten. Nach umfangreichen Renovierungsarbeiten und Ausstattung sowie Neufassung der pädagogischen Konzeption übernimmt die Kooperative Erziehungsarbeit e.V. das Kinder- und Jugendhaus „Glauburg."

2000

Die Praxis für System- und Familienberatung vergrößert sich erneut. Neue Räumlichkeiten in der Frankfurter Baustraße werden bezogen – das therapeutische Angebot ausgeweitet.
Die kleine „Wohngemeinschaft Eschersheimer Landstrasse" mit drei Plätzen wird gegründet, die WG in Bockenheim wieder aufgegeben.

2002

Zur Geschäftsstelle wird ein Aktenarchiv eingerichtet.

2005

Während der Sitz der Geschäftsstelle und das Archiv in Butzbach verbleiben, zieht das Büro der Rechnungsführung in die Praxis- und Büroräume nach Frankfurt.

2006

Die Kooperative Erziehungsarbeit e.V. erweitert ihr Leistungsangebot um ein weiteres Projekt „Betreutes Wohnen", das dem Kinder- und Jugendhaus „Glauburg"/Wetterau zugeordnet wird.

2007

Mit der Grundsatzabteilung im Frankfurter Jugendamt wird ein Vertrag über therapeutische Fachleistungsstunden geschlossen. Kinder und Jugendliche können durch unser Konzept „Systemische Psychotherapie, Coaching und Familienberatung in der Jugendhilfe" im Bedarfsfall zusätzlich unterstützt werden.

2008

Anmietung von Räumlichkeiten in Stockheim, um auch für Jugendliche aus dem Jugendhaus „Glauburg" therapeutische Unterstützung anbieten zu können. Das Praxisteam wird um eine Familientherapeutin vergrößert.

2009

Das Kinder- und Jugendhaus „Glauburg" wird aufgegeben und geschlossen. Die noch zu versorgenden Kinder und Jugendlichen ziehen in trägereigene Einrichtungen nach Frankfurt um, werden nach Hause entlassen oder anderweitig betreut.

2010

Überarbeitung aller Konzepte. Die Betreuungsintensität im Kinderheim „An den 3 Steinen" wird den Erfordernissen angepasst und von 1:1,8 auf 1:1,45 erhöht. Der Fachbereich „Betreutes Wohnen" wird neu gefasst. Aufgrund steigender Anfrage wird die Platzkapazität von fünf auf 12 Plätze erweitert.

2011

Eine weitere Wohngemeinschaft mit drei Plätzen wird gegründet. Die Kooperative Erziehungsarbeit e.V. ist nunmehr für 20 Plätze verantwortlich. Parallel dazu wird das Angebot der Praxis für systemische Psychotherapie erweitert.

2014

Im Frankfurter Nordend entstehen eine weitere Wohngemeinschaft mit sechs Plätzen und zusätzlich fünf Einzelappartements. Die Gesamtplatzzahl steigt auf 25 Plätze.
Die Praxis und Büroräume werden voneinander getrennt.
Die Verwaltung und Geschäftsführung ziehen in die Händelstraße, die Praxis verbleibt in den Räumlichkeiten in der Baustraße, die Kapazität wird nochmals erweitert.

2016

Weitere Platzerweiterung im Betreuten Wohnen um drei Plätze. (Wohngemeinschaft für junge Menschen ab 17 Jahren). Die Gesamtkapazität erweitert sich auf 28 Plätze. Davon im Betreuten Wohnen 20 und acht Plätze im Kinderheim „An den 3 Steinen."

2017

20 Jahre Kooperative Erziehungsarbeit e.V.

Die Kooperative Erziehungsarbeit e.V. hat bislang ca. 200 Kinder, Jugendliche und junge Erwachsene aus vielen unterschiedlichen Herkunftsländern und Kulturen betreut. Wir haben viele Einblicke in Familien- und Lebensgeschichten gewonnen, haben Sitten und Gebräuche kennengelernt und sind für die gemachten Erfahrungen sehr dankbar. Wir alle haben von dem bunten Miteinander profitiert und konnten eine Menge lernen. Bis heute bin ich beeindruckt über das friedliche Miteinander und den Zusammenhalt in den Gruppen.

Momentan arbeiten 20 MitarbeiterInnen im pädagogischen und hauswirtschaftlichen Bereich für uns.

Unser Leitbild

Die Kooperative Erziehungsarbeit e.V. …

- wurde 1996 als gemeinnütziger Verein (e.V.) gegründet und ist seit 1997 freier Träger der Jugendhilfe,
- versteht sich als Zusammenschluss fachlich und persönlich engagierter MitarbeiterInnen, die systemisch denken und handeln,
- arbeitet nach Qualitätsstandards, die sich an bestehenden Erfordernissen orientieren und deren Prozesse im Ergebnis überprüft werden,
- betrachtet Kinder und Jugendliche in unseren Einrichtungen auch unter dem Aspekt, in welchen familiären Bezügen sie gelebt haben. Symptome werden nicht einzeln, sondern als Ergebnis eines Interaktionsprozesses gesehen,
- geht davon aus, dass für unsere Arbeit eine von Optimismus getragene und an Ressourcen orientierte Sichtweise hilfreich ist,
- ist ein Non-Profit-Unternehmen, das dennoch den Gesetzmäßigkeiten der Marktwirtschaft unterliegt und entsprechend handelt,
- versteht sich als professionelles Team, das sorgsam und wertschätzend miteinander umgeht und sich mit Stärken, Schwächen und Unterschieden den vielfältigen Aufgaben der Jugendhilfe stellt und sich gegenseitig unterstützend ergänzt,
- fungiert als Kooperationspartner für die einzelnen Abteilungen der Jugendämter und ist Teil eines pädagogischen und systemischen Netzwerkes.

Wir sind der Überzeugung, …

- dass wir einen wichtigen Auftrag haben und unsere Arbeit mehr ist als ein Job,
- dass wir alle, auch die Kinder und Jugendlichen selbst, Verantwortung übernehmen und manchmal Mut beweisen müssen,
- dass es wenig hilfreich ist, einen Schuldigen zu suchen, sondern förderlicher scheint, mit allen im Prozess Beteiligten lösungsorientiert Wege aus der Krise zu finden,
- dass Leitung hilfreich und notwendig ist, weil Verantwortung klar geregelt und Aufgaben effizient verteilt werden müssen.

Die Kinder & Jugendlichen, die wir betreuen …

- sind nicht unsere Kinder, aber sie stehen im unmittelbaren Blickfeld unseres Handelns,
- haben eine Familie, die wir integrieren und nicht ausgrenzen wollen, deren Unterstützung wir für unsere Arbeit brauchen und die wir gerne beraten,
- brauchen sensible Anteilnahme, eine ernst gemeinte Chance und hin und wieder einen beherzten und engagierten Anschub.

Unsere Basis …

- ist unsere Fachausbildung, die uns kompetent, aber nicht allwissend gemacht hat. Deshalb lernen wir von Kindern, deren Eltern, Kollegen und Kolleginnen, unseren SupervisorInnen, in Fortbildungen und nicht zuletzt aus unseren Fehlern und Erfahrungen,
- ist die Bereitschaft, auch unkonventionelle Lösungen auszuprobieren und unsere Kreativität zum Einsatz zu bringen,
- ist unsere Fähigkeit, in Kontakt zu treten und niemand kampflos aufzugeben.

Unser Team …

- ist unsere Stärke, seine Professionalität und persönliche Vielfalt unser Kapital,
- stellt Verbindlichkeit her, versteht Informationsaustausch und ehrliche Rückmeldung als Selbstverständlichkeit und sieht eine am Konsens orientierte Kommunikation als unerlässlich an.

Wir arbeiten an unserer Qualität durch …

- möglichst präzise Erfassung dessen, was zur Betreuung der uns anvertrauten Kinder und Jugendlichen notwendig ist,
- Entwicklung zukunftsfähiger und an der Realität orientierter Konzepte und Lösungen,
- regelmäßige Supervisionen, betriebsinterne Fortbildungen, Fallbesprechungen und Teamkonferenzen,
- Evaluation und Teilnahme an Fachgremien,
- unsere und die Verlässlichkeit unserer Partner, die wir zum Erfüllen unserer Aufgaben brauchen, deren Verbindlichkeit und Vertrauen, sowie der Unterstützung von Sponsoren und Ehrenamtlichen.

Dieses Leitbild …

- ist geprägt von der Idee, dass alle konzeptionellen Überlegungen, sämtliche Ansätze pädagogischer Arbeit und letztlich auch die alltäglichen Interaktionen nur dann einen Sinn haben, wenn wir Kinder und Jugendlichen, deren Betreuungsauftrag wir übernommen haben, zum Gegenstand unserer Betrachtung machen und wir uns gemeinsam dieser Aufgabe mit Entschlossenheit und Engagement stellen,
- ist eben ein Leitbild – nicht mehr und nicht weniger.

Sie können unsere Arbeit unterstützen

Die Kooperative Erziehungsarbeit e.V. *(www.kooperative-erziehungsarbeit.de)* hat ein Spendenkonto eingerichtet. Die Beträge kommen ausschließlich den Kindern und Jugendlichen zugute:

kooperative erziehungsarbeit

Kooperative Erziehungsarbeit e.V.
IBAN: DE25 5019 0000 6100 9895 71
BIC: FFVBDEFF
Frankfurter Volksbank eG

Impressum

Robert Becker (Autor und Hrsg.)

Das Kind – mein natürlicher „Feind"
Wir gründen ein Kinderheim

Frankfurt 2017

weitere Veröffentlichungen:
Spagat, 2018, Robeck Verlag (Überarbeitete Fassung)
ISBN: „978-3-947928-00-2" Spagat
„978-3-947928-01-9" Spagat-ebook

Herstellung:
BOD – Books on Demand, Norderstedt

Grafische Gestaltung:
Annette Becker
www.beckerpunkt.de

Lektorat:
Käthe Fleckenstein, Frankfurt am Main

Korrektat:
Ulrich Blortz, Köln